U0119275

實 誠 先
交 成 再
永慶房屋

良心仲介

目錄

推薦序

看到孫董事長將自己多年參與不動產經紀業的心路歷程集結成書，分享自己的經驗給正在從事或未來打算投入不動產經紀業的菁英們，我想這不僅僅是專業的傳承，也是一種道德良心的傳承。

1988 年成立永慶房屋前，孫董事長投身土木工程業遠渡重洋到外國參與重大建設計畫，於 1980 年返國後憑藉本身土木及建築工程專業，開始加入了不動產經紀業，致力推動「新式仲介」模式，此舉，不僅提升了不動產經紀業的水準與高度，也改善了當時不動產交易的品質與安全，讓不動產經紀業形象大幅提升外，永慶房屋更在孫董事長的帶領下，成為不動產經紀業一塊閃閃發光的金字招牌。

期待藉由孫董事長出版「先誠實再成交——永慶房屋良心仲介」一書，讓更多的人清楚知道，如今的不動產經紀業已經是一個有制度化、有保障買賣雙方的行業，從業人員也都有一定專業水準，部分投入的從業人員更是富有熱誠為買賣雙方服務，不再是過去只賺利差的掮客。

最後再次衷心推薦本書給大家，希望大家對不動產經紀業能有更深一層的認識，也期待這個已經發展 40 年的行業，能夠精益求精，成為民眾可信賴的依靠。

內政部政務次長 **花敬群**

推薦序

　　有一位資深不動產經紀業者以深具使命感的語氣提到，兒時曾聽長輩說，賣花與賣香都是前世修來有福報的行業，因為賞花令人喜悅、宗教可為社會帶來善緣，他期許不動產經紀業是為民眾找尋可以遮風避雨、安身立命的住屋，應該也會是個有福報的產業，懷有這種善念的業者令人欽佩，但事實上，目前社會對此產業的一般觀感與此一期待恐仍有相當落差，尚有待積極改善。（註：稱不動產經紀業者指兼含仲介與代銷，稱代銷則專指預售屋業者）

　　「先誠實再成交——永慶房屋良心仲介」一書，純粹看書名，似乎只是記錄永慶房仲一家公司的發展史，但細看本書所涵蓋的內容及意義，實關乎整個不動產經紀產業未來的共同發展理念，本書不僅可供一般民眾了解房屋交易安全應注意的事項，更是值得同業參考討論與互勉的指引。

　　與永慶孫慶餘董事長的結緣始自民國80年代共同為催生不動產經紀業專法所密集召開的協商會議，孫董不僅自始至終親自出席，更本於其豐富的實務經驗提供許多資料與具體意見，對法案內容貢獻良多，立法過程中雖仍有波折，但終能順利完成立法，多數業者也以歡欣的心情期待迎接產業新紀元的降臨，事實上，往後20年間，因為法律制度的建立，交易糾紛已大幅減少，業者的營業績效也都有豐碩的成長，本已發揮產業正面價值的意義，但也因市場又受到各種時空變化的影響，房地產交易需求更加呈現過熱現象，引發投機炒作歪風，少數業者的冒進作法，也遭受社會不少負評，反而引發強烈民怨造成民氣可用的氛圍，促使實價登

錄與房地合一所得稅都進一步迅速作了更能有效抑制炒作的修正。

台灣不動產經紀業的興起，如自民國 60 年台北房屋成立開啟預售屋銷售業務起算，迄今已達半個世紀，本書一開始便做了重點回顧，爲產業發展沿革留下參考史料。永慶房屋集團自民國 77 年創立以來，孫董即堅持以「誠實交易、資訊透明」的理念經營，30 多年來業績自有顯著的成長，一般民眾由市場上也能輕易目睹，但對領導者型塑經營理念的心路歷程，經本書娓娓道來才能更加理解，這些觀念與具體作法應該都是產業珍貴的教材。孫董提出「新式仲介」要有上進的業者、合理的法制環境、滿意的消費者作爲產業發展的目標以革除「傳統仲介」賺差價、灌虛坪、假扮身分、買斷、超貸等惡習亂象，值得重視，其中又以業者要有上進

的用心最爲關鍵，事實上，上述亂象都已有法律嚴予規範，但實務操作時仍不乏有不肖業者會爲利而脫法，以致傷害整體產業形象。法律的規定固然是法治的重要基礎，但面對複雜多變的現實社會往往難以周全，必須由業者或公會發揮自律功能才是產業真正的進步。

安居樂業永遠是民眾最基本的生活需求，未來買屋、賣屋、換屋以及租屋的需求也會有增無減，期盼有上進心的經紀業者能夠用心參考本書闡述的理念，秉持行善的意念，提供令消費者滿意的服務，提升專業形象與價值，共同把不動產經紀業做成一個有福報的產業，利人利己。

內政部地政司前司長 **張元旭**

推薦序

慶餘與我都屬國軍第二代，也曾同時就讀設於左營軍區內的海軍子弟小學。童年印象中，孫同學性情溫和文靜，鮮少言語，顯得有些老成持重；嗣後我們考入不同高中，往來漸稀；大學後的人生之路更是分道而行，向不同領域發展。20多年後在台北重逢，當時我剛回母校政大任教，他則在房產事業初試身手，兩人從外觀上看來都改變不小，但彼此身上那股濃濃的「左營眷村味兒」卻絲毫沒變！事實上，慶餘兄在商場奮戰數十年，備嘗艱辛頓挫之苦，至今依然昂然挺立，且一本良知初心，堅持走正確的路，做正當的事，應與他傳承軍人家庭的滿腔熱血以及自小在竹籬笆內磨練出的堅韌性格和待人處事上的正道與義氣大有關係。

1970年代，台灣處於風雨飄搖之中。社會新鮮人面臨兩條路可走：少數人搭上留學潮出國進修，先拿個高等學位再圖發展；餘者無意或無緣留洋，只好就地謀職或創業，而這批「留台派」從此牢守家園，踏實打拚，反倒隨著那股經濟起飛的勢頭御風而行，如今他（她）們不論在政經、教育、藝文或工商業界都有出色表現，享受到苦盡甘來的果實。

孫慶餘可謂其中顯例。他學的是土木工程，畢業後投入中華工程公司，旋外派至沙烏地阿拉伯服務。沙國氣候乾燥，酷熱難當，甚且時有沙塵暴肆虐，工作與生活俱感不便。不過，對於一名成長期的職場青年而言，這一小段近乎「苦行僧」的體驗，恰巧又是一次強化意志力的大好機會。

返台後，慶餘接觸到房仲事業，遂成他的終身職場。他初入行

業即執意遵循正派路線，引進西式仲介模式，憑著誠信原則與嚴謹制度樹立品牌商譽，並主動在業界鼓吹理念，革除沉痾，端正風氣。在當時的環境中，孫慶餘的革命性作爲固然一新耳目，卻難免被不肯同行排擠打壓，甚至還受到黑道的威逼恐嚇。但他未曾退縮，繼續苦口婆心說服傳統業者及時轉型，更進一步促成相關政策和立法的付諸實現。1999 年，《不動產經紀業管理條例》終獲通過，是爲產業人士催生立法成功的少數先例。

1988 年，孫慶餘草創永慶房屋，經過 30 餘年的銳意經營，迄今旗下分店高達 1,300 餘家，穩居台灣房仲業之冠。猶記得永慶房屋成立當日，僅有兩家分店，我前往道賀。在致詞時，我稱許孫董事長爲人方正不阿，篤實踐履，並預期永慶必將快速擴張，永續興業。話雖是肺腑之言，但心下難免嘀咕：慶餘身爲外省軍眷，既缺父蔭，亦不具顯赫學經歷，再加上他個性拘謹內斂，作風正道保守，在台灣商場上闖蕩，會不會阻礙重重？ 時至今日，永慶稱雄房仲產業，集團形象普受讚譽，尤其晚近的快速擴展允爲業界傳奇， 遠遠超過我當初的期待。

孫董對於房仲產業有清晰宏觀的思路，他認爲服務業若想脫胎換骨，必須擁有「滿意的消費者」、「合理的法制環境」、「上進的業者」"三隻腳"來支撐。因此，他恪守自律分際，也嚴禁員工介入炒房；早在 1980 年代，永慶房屋就委請中國生產力中心做 CI 形象設計，並不斷優化內部管理及資訊系統，奠定精進成長的宏基；千禧年以迄，永慶團隊次第推動科技仲介的產業變革，提升傳統的房仲經紀成爲房

產顧問，大量運用智慧型傳播軟硬體設備，提供消費者量身訂做的客制化服務。

我和慶餘結緣一甲子，真正攜手協作的經驗卻僅及於慈善公益事務。基於我們對於左營眷村那段烽火歲月的共同記憶與眷戀，曾與幾位老友一起發起籌設「永清協會」，任務以連繫故友，重建鄉誼為主；初期由我擔任會長，慶餘兄即便展業正忙，仍毅然扛起秘書長重責，並在公司內聘用一位左營的小學妹專司會務；2014年，我們又志願扛起國軍眷村文化協會所推動的左營眷村文化傳承計畫，他出錢出力，貢獻至偉。長期以來，慶餘同學對於左營老家的顧念之情從未有片刻止息。

2008年，永慶集團已具規模，慶餘亟思從事慈善事業以回饋社會，盼我能主持其事。次年永慶慈善基金會宣告成立，在「人間有愛行動無礙」的號召下，全力宣導無障礙通用生活環境。每年，除了辦理敬老卹殘的大小活動外，還舉行「人間公益影展」，主辦「兩岸公益論壇」。從成立以來，永慶基金會已連續被台北市府評鑑為「十大績優社團」，這是對永慶義工團隊的最大鼓舞。

另外，每年的「愛圓滿接力」，係由永慶總部發動上萬員工集體做公益，風起雲湧之下，台灣的大街小巷，隨時可見永慶義工行善的身影；2020年，永慶集團提供3,000萬元聯手政大地政系進行產學合作，由於其宗旨為透過專業培訓提高不動產從業人員的整體素質，對象並不限於永慶員工，因此獲得產官學界的齊聲喊讚。

儘管永慶的鮮明標誌和公益形象深入人心，身爲集團董事長的孫慶餘，始終生活簡樸，行止低調，從不做自我宣傳。我衷心期盼，本書的問世能使永慶的正派經營理念在企業界廣爲流傳，也讓「素人」孫慶餘逆流而上、拚搏致勝的人生秘訣，爲後來者奉爲圭臬，樂於起而傲習之。

在我的認知上，慶餘老友堪稱是台灣社會的良心企業家，房仲產業的拓荒者與改革者。他當之無愧，我亦與有榮焉。

國際佛光會中華總會 總會長
永慶慈善基金會 董事長
趙怡

推薦序

我在 1994 年創立不動產仲介公會全聯會，正當業者受「牽猴仔」打爛帳之輩禍患，我請孫慶餘董事長擔任全聯會的法規會召集人，協請政府立法保護與規範不動產業；我們還一同走訪美日，參考其房仲制度與文獻，最終促成《不動產經紀業管理條例》立法實施。後來，更希望以全聯會的高度，推動全國性的不動產流通平台（全仲網），和同業共享資源，可惜這個夢想最後因部分同業反對而破局，但慶餘將他新式仲介、流通聯賣的理念，在永慶實現，贏得大家的認同，成就了現在的「房仲第一品牌」永慶房產集團。

台灣的房仲產業能從早期的毫無秩序，到今日脫胎換骨受消費者認同，要感謝慶餘高瞻遠矚為產業著想，投身推動立法、創新科技服務，領先推動實價登錄揭露至門牌，不僅讓產業的消費糾紛減少，更提高了交易的透明度，建構一個誠信透明的房仲產業。

中華民國不動產仲介經紀商業同業公會全國聯合會創會理事長
台北市不動產仲介公會創會理事長

王應傑

先誠實 再成交

推薦序

與永慶房屋孫慶餘董事長結緣於 2020 年永慶提出與政治大學產學合作計畫,讓大學社會責任(USR)與企業社會責任(CSR)相加相乘,創造社會、學校、企業的多贏。

這讓我得知在臺灣社會有如此一位事業有成又不忘回饋社會,尤其重視並期待以產學合作計畫提升社會的企業家典範。更以整體土地、房屋產業的學術連結教育訓練為己任,如此大公無私精神,正是領秀群倫之表率。

大學與產業間的產學合作,不只將使大學的教育更貼近社會的脈動,培育出更多社會棟樑,就企業而言,則是提升員工能量以及栽培未來企業人才,一本萬利的投資。

政大與永慶房屋的合作,開啟產業合作的新紀元,也是新典範。今後期待更多永慶合作模式的產學合作。就此,要感謝孫董事長的睿智與領航。

國立政治大學校長 **郭明政**

推薦序

永慶房屋揭櫫的「先誠實，再成交」理念，不只是房仲業交易透明的基礎，是房仲第一品牌的緣起，是消費者期待童叟無欺的房屋公平交易環境的總結，是建構美好生活的保障，最最重要的，在這個訊息碎片化的時代，「誠信為先」也恰是當今社會最需要重構並維繫的核心價值觀。《中庸》上說：「唯天下之至誠，為能盡其性，能盡其性，則能盡人之性，能盡人之性，則能盡萬物之性，能盡物之性，則可以贊天地之化育」，永慶集團的孫慶餘董事長待人接物的內斂、謙遜、自律與誠信，充分體現了儒家思想的這些特質，他也將這樣的信念深植在良心企業的DNA裡。莊子說：「不精不誠，不能動人」，讀這本書，見證他如何在專業上精益求精，更為其保守的誠信價值動容。

世新大學副校長 楊盛昱

推薦序

永慶房產集團自 1988 年創立以來，孫董事長即以強調資訊透明、誠實交易的理念，倡議「新式仲介」，建立「服務優先而非成交優先」的經營準則，翻轉了房仲業以利潤導向的傳統。又其高瞻遠矚，有鑑於科技發展對生活的影響，成立永慶房仲網，首創影音宅速配、手機宅速配以及 iPad 行動服務平台，更於 2017 年推出全球首創的 MR 智能看房服務，建置 i⁺ 智慧創新體驗館，結合了 AR（擴增實境）與 VR（虛擬實境）的 MR（混合實境）科技，成為第一家跨入 5G 世代的「科技房仲」。此外，更領先政府推出「實價登錄3.0」。30 多年來，以自律、自愛，先誠實再成交；自發啟動合理的法治環境，推動產業法制化；以顧客為導向，創新服務等，揭櫫集團事業三足鼎立的圭臬，紮實了四大理念，奠立了集團磐石，提升國內仲介業水準，而執不動產業界牛耳。

有曰「君子務本，本立而道生」，永慶房產集團「以義為利」的經營理念，由個人多年來親炙孫董事長之為人處事，認為係將其思維，浸淫於仁、義、禮、智、信之儒家五常，體現成為商之道。適值付梓之際，特以為誌！

中國文化大學環境設計學院院長
中國土地改革協會理事長
中國土地經濟學會前理事長
中華民國土地估價學會前理事長
國立政治大學社會科學學院前院長

楊松齡

推薦序

　　孫董其實是科技的狂熱分子，我發現只要跟他談論他沒接觸過的資訊科技，孫董就眼睛發亮。因為建立信任的基礎，就是資訊透明。而資訊透明與共享就是網路科技的本質。一般企業由今天看明天，而永慶的孫董則是由後天看明天，幫助產業度過明天困境的，不是今天的近利視線，而是後天的眼光與視野。這本書，談過去、談現在、更談未來的視野。

經濟部法人科技專案總召
臺灣科技大學資訊管理系教授
台北市政府市政顧問

盧希鵬

先誠實再成交

推薦序

　　孫董事長一直是我非常敬佩
的企業家，他胼手胝足創立永慶集
團並成為台灣第一大房仲，對於我
們同為房地產業的外商經理人而
言，有太多可學習之處。從書中我
們深刻體會到孫董事長如何秉持誠
信道德、公平正義的風範，不畏艱
難地做「良心仲介」，希望將過去牽
猴子的中人形象轉換為受人信賴的
專業房仲。透過此書我們也看到孫
董 30 多年來如何帶領永慶突破挑
戰、運用最新科技不斷創新服務，
讓台灣房地產與國際接軌，走向資
訊透明、安全交易的康莊大道，也
讓房地產業贏得消費者更多的認同
與尊重。

仲量聯行董事總經理　**趙正義**

推薦序

　　納斯達克董事長 Alfred R. Berkeley III 曾經在寫給我的信中提到，美國的創業精神與百萬分之六的成功上市比例，相較台灣太多創業家所解決的問題太小，但要擔負的犯錯代價卻太高，可見要創造一個從無到有的新產業，並且成為全國最大的房仲集團，30 年篳路藍縷的奇蹟與對社會創造價值的典範是多麼的難得。

　　我也見過全球 500 大品牌董事長中的數百位，深感有為者亦若是；在國內我最推崇的白手起家傳奇領導人除了奇美的創辦人許文龍之外，另一位就是永慶的創辦人孫慶餘董事長，他是我心目中傳奇領導者的風範，不僅有願景做大事的氣魄還能有成就他人的情懷，還有召喚群眾追尋理想的力量與激勵人心的故事。

iStaging 愛實境創辦人 **李鐘彬**

推薦序

　　在經濟發展過程，房地產總是扮演著財富累積與社會安定的角色，惟卻經常出現投機炒作情事，導致主管機關不得不出手干預；早年房地產交易缺乏法令規範，又沒有建立標準作業流程機制，幾乎人人都能從事房地介紹買賣，惡性競爭的結果，交易糾紛不斷，興訟案件愈來愈多。孫慶餘董事長深切感受健全產業發展與保障消費者權益之重要性，亟思引進美、日行之有年的房仲經紀制度，而其中又以美國 Escrow 制度最爲產官學各界所重視；當年我也曾與孫董一起參加全聯會觀摩美日經營實務參訪活動，其後更積極參與政府推動產業法制化會議，當時業者普遍缺乏消費者權益保障觀念，孫董總會提出獨到見解並且派員全程參與，在政府與產業界積極催生下，法令制度漸臻完備；及至今日，不僅有公平交易法、消費者保護法，再加上地政三法——「平均地權條例」、「不動產經紀業管理條例」、「地政士法」，以及實價登錄 2.0 完整揭露交易資訊，已爲房仲產業打下永續發展的良好基礎，消費者購屋權益也獲得進一步保障。

　　本書詳述歷年房仲業發展以及各項交易法令與制度規範的立法過程，爲台灣房仲產業發展歷史作了詳實紀錄與見證，謹此爲序推薦並與讀者共同分享。

前淡江大學產業經濟系副教授
德明財經科技大學客座教授
中華民國不動產交易安全策進會第二、三屆理事長
理財周刊副社長
中華不動產仲裁協會仲裁人

莊孟翰

推薦序

孫慶餘董事長被業界稱之為「科技房仲之父」、「房仲業的賈柏斯」，認識他 30 年，一路觀察，多次產業革命都是由孫董率先大破大立。

他是非常有使命感的人，早在 1989 年就催生不動產仲介經紀業管理條例立法，顛覆業界！更翻譯日本《宅地建物取引業法》提供給內政部參考，也獲得內政部頒發「地政貢獻獎」；率先結合通訊科技，推出影音宅速配、拖曳式地圖、地圖式成交行情查詢、公開成交行情、i 智慧經紀人等，都是畫時代的產業大躍進。

甚至是民間版的實價登錄 3.0 成交行情揭露至門牌，孫董也大膽超前部署、早了官方兩年，讓人很驚豔他的創新力、執行力。正如

20 世紀英國最偉大的首相邱吉爾說：「決不、決不、決不、決不放棄！」正是成功的秘訣。

從孫董身上，可以驗證賈柏斯的名言「創新，是決定你成為領導者，或跟隨者的區別。」

工商時報資深記者 **蔡惠芳**

自序

　　古時有個員外家裡賣米，但生意逐漸下滑，百思不得其解，找調秤師傅來把秤調給客人少一點，後果然生意變好，慶功宴大宴賓客，酒過三巡，調秤師傅喝多了，就跟員外說，在調秤那天，你媳婦跑來了，她叫我調給客人多一點，我就照她的意思做了，員外當下頓悟，這才是「商道」。

　　現代叫「顧客滿意」。

　　仲介居間代理，公平、公正、公開，不能球員兼裁判。

　　傳統仲介之惡全在於「賺差價」。

　　30多年來，心心念念負重前行，雖然誠實會被人排擠，雖然誠實會少一百多億營收，我們還是堅持：打破陋習「許消費者一個公平的房產交易平台」爲己任。

　　然而至今仍無法根絕，我輩尚需努力。

　　感謝集團內 1 萬 9 千人。

　　願意放棄黑心暴利心態。

　　也見證了豐收的喜悅。

　　感謝所有客戶的支持，讓永慶成爲消費者圓滿成家的推手。

　　感謝！

永慶房產集團董事長　**孫慶餘**

序章

成就第一的書生企業家

這是一個耳熟能詳的故事，卻啟發了一個締造產業新局的創業經典。

製鞋公司老闆派甲、乙兩個業務，去考察非洲的市場。一看到非洲人不太穿鞋，甲跟公司回報：「非洲人不穿鞋子，所以沒有市場。」但乙的答案卻截然不同：「非洲人不穿鞋子，意味著市場還很大。」

永慶房產集團董事長孫慶餘，就像後者看到機會一樣，在 30 多年前一腳跨入房仲業，以強調透明資訊、誠實交易的「新式仲介」，翻轉過往人們對房仲負面印象，讓被人用嗤之以鼻口吻說的「牽猴子」，轉型成為專業的房仲經紀人，不僅提升了產業水準，也讓永慶成為台灣最大的房仲集團。

將時間拉回 1980 年代初期。

那是台灣經濟起飛的黃金年代。十大建設讓島內基礎建設逐漸完善，經濟結構由農業與輕工業朝電子與科技業轉型。經濟日益昌盛，人民逐漸富裕，調職搬遷、兒女成家、存錢買屋、賺錢換屋、郊外換城市，小換大，舊換新等需求日增，帶來翻轉原有住屋模式的大量商機。

然而，當時的房仲市場卻是一片亂象。市場沒有法制化，房仲經紀人也沒有特定的資格檢定，所謂的「中人」水準參差不齊，靠著資訊不透明的方式賺價差獲取暴利是主要的獲利模式，房屋買賣造成的法律糾紛也愈來愈多。

雖是這樣的狀況，但當時才

▲ 1980 年代，國內內需建設帶動經濟成長，房市也開始暢旺。

30 出頭的孫慶餘，卻毅然決定投入這個被貼上負面標籤的行業。因為他看出房仲產業還不成氣候，機會就在這「不成氣候」的未來性。

「我選擇市場急迫需求而現今尚未被滿足的新興行業。」孫慶餘說。

人生只做過兩種工作：土木工程師與房仲

令人驚訝的是，在此之前，孫慶餘跟房仲業並無任何淵源。他的上一份工作，其實是在中東的沙漠中蓋房子、開馬路！

孫慶餘人生只做過兩項工作，第一個就是「學以致用」的土木工程師，因為他畢業於逢甲大學土木工程系。但為何會跑去中東呢？

原來，他在大學期間，世界上爆發了第一次石油危機，時任行政院長的蔣經國，毅然決然編列台幣 2,580 億元以上的預算投入十大建設，投資支出的巔峰為 1975 到 1976 年。待孫慶餘在 1974 年戴上土木工程專業方帽子，完成國民義務兵役後，雖然十大建設方興未艾，但投資逐漸銳減，為了不讓人力、器材、機具等閒置，並為未來剩餘的人力、物力找出路，政府一邊繼續規劃「十二項建設計畫」，另一邊則規劃將這些剩餘建設能量轉向海外。

這時候，布雷頓森林體系結束，美金與黃金脫勾，時任美國國務卿季辛吉提出「石油美元」的新概念，中東以沙烏地阿拉伯為首的 OPEC 產油國聯合產銷來控制

油價，並以美元做為交易的唯一貨幣，美國則承諾對沙烏地阿拉伯提供國防安全及國家建設。台灣做為盟國，也順勢加入這波中東熱潮的機會。

別人唯恐不及，他卻主動請纓

退伍後，孫慶餘考進前身是「行政院資源委員會機械修運處」的中華工程公司，身為國家建設的主力軍，遠征沙烏地阿拉伯建設的任務自無可迴避，但在十大建設投入的威力下，當時台灣每年經濟成長率都高達兩位數，誰願意遠赴中東受苦？但孫慶餘卻自動請纓加入工程隊，在 1977 年前往這個當時尚是邦交國的中東國家。

「別人避之唯恐不及的苦差事，我卻嚮往這異地磨練的大好機會。我還年輕，喜歡開疆擴土，去阿拉伯完全自願，其他人沒要去，」初生之犢不怕苦，反而雄心壯志強赴異鄉打磨操練。

中華工程沙烏地阿拉伯吉達分公司工務課規劃組，成為孫慶餘初踏社會的重要挑戰。他負責市場研究、投標規劃執行、工程進度、成本管控及機具設備施工材料採購協調諸多項目，與二千多位同仁穿梭吉達市下水道、吉達麥加高速公路、君悅飯店、利雅德工業區、利雅德國際機場等工地，為公司創造業績、為國家穩固邦誼、也為自己開拓視野。

這樣的視野是由汗水與辛苦交織而成。孫慶餘記得，當時都是

▲ 與其他人不同，具開創性格的孫慶餘自願到黃沙滾滾的沙烏地吉達工作。

要凌晨起床，趁天未亮低溫趕緊上工，十點開始午休，避開正午酷熱，直到烈焰逐漸下山的午後四點才再度外出工作，一天一樣工作八小時，卻是跟台灣完全不一樣的體驗。

台灣走到哪邊看到都是一片綠，路邊也種植賞心悅目的綠樹與稻田，阿拉伯卻完全無景觀可言，放眼望去一片單調的土黃色。在沙漠中行進，車子四個輪胎經常有兩個陷進流沙中，動彈不得。夏天最熱會高達攝氏 54 度，更是考驗人的體力與耐力。

「沙漠熱到爆，連空氣都熱，必須拿著手帕包著把手開車門，冷氣也得先開著吹很久，否則手都會被駕駛盤燙傷！」在艱困的時空，

能依賴的就是堅持，再堅持。

國外實戰歷練，領悟市場競爭道理

阿拉伯的苦幹實幹歲月，也有許多溫馨的回憶。時任經濟部長孫運璿來訪時，工程團隊奉命去吉達機場列隊歡迎孫運璿，孫慶餘一生握過最大的手掌就是本家孫運璿的手。大使館國慶日慶祝晚會就在吉達中華工程營區舉行，難忘那舉杯為國家生日同賀的美好時光，在國歌的激昂中，國家隊並肩立正敬禮，烈日中昂然挺拔，狂風中渾身抖擻。

在沙漠中的建設如火如荼進行著，城市中懸起巨大的施工吊桿，競爭對手是來自世界各地的知名商

社及規模宏大的工程公司。中華工程能脫穎而出進行數十項建設，無疑是國家隊的實力展現，但這也讓孫慶餘領悟到市場競爭的優劣勢。

「有一天早上，一位日本商社的主管來到我辦公室大聲道恭喜，恭喜我們台灣隊利雅德工程得標。」這家日本商社是 300 多年歷史的老字號，全世界 1,000 多個據點，情報又快又準，1,200 多公里外的標案得標，連我們都還不知道，他就登門拜訪了，道過恭喜後就開口拉生意說，「我們公司的產品很適合台灣工程隊使用。」

另外一次，一名美國籍的業務工程師，由製造轉銷售表現優異，心志能量令孫慶餘極為佩服，專業令自己茅塞頓開。「如果跟這些專家拚他們擅長的，台灣不具備優勢，」孫慶餘頓悟，太成熟的產業不要碰，因為已經無法卡位。如果自己回國要創業，也一定不能選擇太成熟的產業，最好是新興的產業。

新興房仲市場，適合創業開展

那，應該做什麼呢？

1980 年，孫慶餘結束援外建設任務返國。讀大學前，台灣還是以出口導向的輕工業為主；讀大學到在中東工作的這段時間，台灣靠著重大建設投資，成功轉型策略性工業；甫一回國，新竹科學園區正式成立，台灣又開始朝向高科技產業進發。可以想見在孫慶餘眼中，台灣整個社會的變動是多麼巨大。

▲ 回國後的孫慶餘，選擇進入房仲新興市場，作為創業的開端。

產業迅速地轉型，帶動了社會生活的轉變，自然就會產生新的市場需求，符合孫慶餘想要找未成熟、新興市場創業的想法。而新興的房仲市場卻缺乏規範，傳統仲介跟不上時代，正是後進者的大好機會。

「我本身有專業的建築工程背景，從事房屋仲介正好適合，」房仲業不需要大量的資金，正適合白手起家的孫慶餘。

「傳統仲介」草莽年代，市場亂象叢生

嚴格來說，在 1970 年代之前，台灣並不存在房仲業。民間早年買賣房地產最普遍的方式，不外由賣方自行張貼「吉屋出售」的紅字條，或私底下透過親朋好友介紹，但因爲過去買賣房子有點敏感性，大家都希望低調行事，不欲親朋好友、鄰里周知，這就有了「中人」、「捎客」的出現，多是兼差或客串性質。

後來隨著台灣逐漸邁入工商社會，大量人口湧入都市，人們遷徙的範圍不斷擴大，房屋交易很難再以口耳相傳的模式進行，才有了房仲業的誕生。

1971 年，台北房屋成立，開啟了預售屋銷售的新紀元，台灣的房屋市場從此發展出一手市場。1977 年，勵行建設成立，以建設公司之名成立首家房屋銷售公司，爲全國第一家中古屋銷售公司，從此也宣告台灣中古屋市場正式開展。巨東建設也在該年稍晚成立，

▶ 早年牌子一放，人人都可
以當房屋仲介。

都是屬於樓面式的公司，這時期成立的房屋銷售公司，姑且統稱為「傳統仲介」。

在沒有規範的「傳統仲介」草莽年代，房屋銷售市場可說是亂象叢生，賺差價、虛灌坪數、假扮身分、買斷（三角簽）、超貸……都不是新鮮事；甚至為了搶生意不擇手段，動用黑白兩道跟監、謾罵、甚至上演全武行！

「牽猴仔」或「中人」，社會形象低落

下定決心從事房仲業的孫慶餘，雖然知道這一行混亂，但在外界霧裡看花，要真正了解行業問題、消費者痛點，他心想：「總要把頭先洗下去才會知道。」於是孫慶餘首先加入台灣第一家銷售公司──勵行建設。

早期被稱為「牽猴仔」或「中人」的仲介，社會形象低落，孫慶餘提到他入行後頗感壓力，每當親朋好友問自己在做什麼，他坦然告知在「賣房子」，親友一聽紛紛搖頭，「怎麼去搞賣房子這種行業？」親戚直接用「搞」來形容，顯然非常輕蔑，「碰到同學我都趕快避開，免得尷尬。」那時在市場幾乎沒有大學生在從事這行。

切身之痛，讓孫慶餘之後一直將提升房仲社會地位視為己任；而投身產業第一線的經歷，更讓他深感行業的確混亂，所以若能撥亂反正，將對社會有重大的正面意義，「產業需要我、社會需要我」的捨我其誰感油然而生。

「房仲業是以人為核心的產業，需要的是誠信、理念、領導等特質，而不是資本，」孫慶餘心想。

左營眷村中的書香世家

重視誠信價值，來自孫慶餘自小的教育養成。

1949 年，中華民國中央政府播遷到台灣，孫慶餘就在這台海局勢悲壯湧動的時點，誕生於左營海軍眷村。

左營眷村遍植高大榕樹，舖天蓋地地垂下長鬚，白楊樹至今也挺立如昨，拉長了光陰的影子，早熟的少年孫慶餘經常樹下仰望而陷入長考，像個小老頭兒。孫家父母因在大學任教而成為此地鄰里稱頌的書香世家，「身為老師的孩子卻功課普通，我把零用錢全部拿去買課外讀物，歷代的平亂興衰之道，像看故事書一樣，稍有涉獵。」他知道，學生的本分就是讀書，教科書或課外讀物，總要選一項才行。

「父母親早出晚歸到學校執教鞭，沒有過多時間管教孩子，就訂下幾個大原則要我們照著做，寄望我們長大做個對國家社會有貢獻的人。」其中父母最在意的就是「做人做事，誠實以對」。

眷村的童年玩伴，政治大學副校長、永慶慈善基金會董事長趙怡回憶，「我們在海軍子弟小學同校、國中同班，只記得當時的他寡言安靜，是典型的早熟少年，好像從來不曾有過青春叛逆期，當我們還在調皮搗蛋拿橡皮筋打人、抓女生辮子的時候，他已好像陷入沉思狀態。」老成持重的風采，在半封閉的眷村令老同學印象深刻。

村子的每間屋舍都一模一樣，村民相濡以沫，過著半軍事生活，學校老師都是退伍軍人，天生的硬漢風采及鞭子教育，總讓小朋友聞聲就發抖。趙怡回憶當年，不管一家之主在軍中有多高的地位，照樣因薪資偏低而為生計發愁，「軍二代成為被時代淹沒的一群，當台灣安定繁榮，財富重新分配，所得最少就是這批軍人子弟。」

所幸，眷村兒女還算爭氣，在特殊的半軍事氛圍薰陶之下，培養出許多優秀的社會菁英。也正是在這樣的成長環境下，淬鍊出孫慶餘的人格特質：重視誠信與腳踏實地，講究紀律、戰略和系統，顛沛起伏的時候，咬著牙繼續幹下去，絕不半途而廢的韌性。

因此，雖然體會到房仲業的亂象，也面臨親友的質疑，他並未選擇離開，反而是堅持走下去。透過掌握「三現」（現時、現地、現物），孫慶餘逐漸歸納出行業的問題點，就是「消費者要一個公平、安全的現代化交易環境，但這個需求卻沒有業者去滿足」。

三支腳：「上進的業者」、「合理的法制環境」、「滿意的消費者」

找到問題之後，就是分析原因、找出解方，而他找到的解方就是強調透明資訊、公平交易的「新式仲介」，這也成為孫慶餘日後創辦永慶房屋的核心精神。

在劣幣驅逐良幣的惡質環境，產業若要脫胎換骨，走上「新式仲介」的正途，孫慶餘歸納出必須要有的三大步驟：先要有「上進的業者」、再建立「合理的法制環境」，最後才會有「滿意的消費者」，三者缺一不可，就如同國之重器毛公鼎有三支腳才能穩當站立。

第一支腳　上進的業者

首先，業者必須自律、自愛，

▲ 三支腳：「上進的業者」、「合理的法制環境」、「滿意的消費者」。

堅持良心仲介「先誠實再成交」，擺脫「牽猴仔」或「中人」的刻板印象，贏得客戶的信賴，產業才能永續；而且必須不斷探索讓產業更向上提升的可能，「從改善買賣黑幕建立新秩序出發，而不是只想著賺錢。」孫慶餘說。

第二支腳　合理的法制環境

規矩不成方圓，政府不能讓業者、從業人員處於妾身未明的窘境，這樣無法管理，市場自然紊亂無序，必須訂出規則、標準保障上進的業者；同樣地，市場上的買、賣雙方也需要法令的保障，只有消費者安心，交易才能順利，市場才能活絡，產業才能提升、受人尊重。

第三支腳　滿意的消費者

房屋仲介是以顧客為導向的產業，追求的就是消費者滿意，業者應該以創新精神，持續追求在服務上，提供更多的附加價值，無論是感動服務、科技仲介、效率化服務，透過房屋買賣，提供消費者對美好生活的想像沒有極限。

四大理念：顧客滿意、仲介楷模、開創發展、共享成長

在三隻腳理論的支撐下，孫慶餘也開始架構他心中理想的房仲企業形象，也這成為永慶企業經營堅守的四個理念：

一、顧客滿意：

提供顧客誠信仲介、童叟無欺的服

務，並不斷地發展創新的服務，以客戶滿意為依歸。

二、仲介楷模：

不一定要做最大的，但一定要做最好的，以當業界楷模為目標，強調品質第一、安全第一、服務第一。

三、開創發展：

既然做到最好，做最大也無妨，當自己好到足以成為業界標準後，則可尋找志同道合、正派經營的夥伴，輔導他們成為成功的經營者。

四、共享成長：

以團隊運作的模式共享資源，達成

「品牌共享、技術共享、利潤共享、未來共享」的目標，與夥伴們一起服務更多的客戶，一起分享品牌、商圈、Know How 技術、系統等。

有了明確的思路、清晰的願景後，孫慶餘離開勵行建設，展開了艱辛而又波瀾壯闊的創業歷程。「以商道為本的務實房仲業改革者」正式踏出第一步，但要將產業導入正軌，孫慶餘還需累積能量，結合更大的平台。推動「新式仲介」的過程，以及永慶如何秉持這樣的精神，茁壯成為台灣第一大房仲品牌的故事，將在後續章節逐一揭幕。

第一章

從牽猴仔的中人
到穿西裝的房仲經紀人

台北市信義路四段 191 號，掛著令人眼熟的黃底黑字的永慶房屋招牌。

然而，推門走進一看，卻是令人意外的空間。牆上掛的不是銷售房屋物件的資料，而是整面的液晶螢幕。戴上像是電影《鋼鐵人》主角史塔克的眼鏡，彷彿置身另一個空間中，可以看到有興趣房子的內部與屋子外部的街道環境。

仲介辦公室變成電影場景？傳統產業轉型電玩遊戲業？當然不是。事實上，這是台灣最大房仲業者永慶房產集團於 2017 年推出的「i⁺ 智慧創新體驗館」，利用結合了 AR（擴增實境）與 VR（虛擬實境）的 MR（混合實境）科技，讓消費者可以透過最新的科技來看房。

永慶房屋歷經了六年的研究分析，總共投資了台幣一億多元，與數位新創公司 iStaging 合作，並邀請國際級的設計公司——新加坡設計顧問公司 Fitch Design 規劃設計、全案管理，將 1988 年創業時的「起家厝」，改造成科技驅動的服務場域。這不僅是全球首見房仲業利用虛擬科技改造銷售服務的創舉，也翻轉了台灣房仲業的形象，甚至吸引許多單位前來參訪，包括學校、創投及世界各國業者都前來取經。

令人耳目一新的房仲業

「雖然花了很多錢，但非常值得，因為能將新的技術運用，導入到產業來，是使整個產業和消費者

▲ 永慶「i⁺智慧創新體驗館」中的「i⁺智慧 - 智能生活」，運用最新混合實境（MR）技術，提供消費者「買屋前，先體驗周邊生活圈」的服務。

▲ 實境 LIVE 賞屋，讓多國業者前來台灣取經。

都能受益，」站在 33 年前的發跡地上，永慶房產集團創辦人暨董事長孫慶餘開心地說。

令人耳目一新的，還有整個台灣房仲業的面貌。

30 多年前的房仲市場，是個牛鬼蛇神、黑道白道爭相廝殺的「殺戮戰場」。

當年，所謂的「中人」（台語發音）可能是鄰居阿媽、巷口雜貨店老闆、甚或是混黑道的兄弟，被人稱為「牽猴仔」（台語發音）；現

在，仲介經紀人都是男著西裝、女穿套裝、且必須通過資格考試的專業人士。

當年，賣房資訊是貼在電線桿上的紅單、是街頭巷尾的口耳相傳；現在，買房都先上網找房，找專業仲介幫忙物色最佳物件。

當年，「中人」居間低買高賣、賺取價差是常態；現在，仲介業依法令規定，只能賺取固定比例的服務費。（至少理論上如此，但可惜的是，賺差價的黑心仲介至今仍存在，此是後話，待後面章節詳述。）

說這是文明與蠻荒世界的差別，也許並不為過。永慶房產集團業務總經理葉凌棋初入社會的震撼教育，正是這樣的場景。

「牽猴仔」演出「猴戲」的房仲亂象

1987 年自政治大學地政系畢業、初入社會的他，拿著履歷表到一家位在忠孝東路四段一棟大樓的傳統仲介公司面試。電梯門一開，一堆人在呼口號，誇張的是，居然還有人交互蹲跳，心中震撼地想：房屋仲介業就是這樣的嗎？

這樣的背景其來有自。早年台灣房地產的交易相當簡單，要賣房子就在雜貨店貼張紅紙昭告、或口耳相傳，意者相互議價買賣，房仲業並不存在。隨著社會結構與關係逐漸複雜化後，如此局部性的通路已不符合民眾需要，逐漸有人專門以此為業，兼職幾乎更是全民皆兵，也就是所謂的「中人」。

▶ 透過貼紅單、街頭巷尾口耳相傳的房屋買賣模式如今已式微。

阿貓阿狗也能當中人

看遍產業變遷的工商時報資深記者蔡惠芳對當年的市場狀況,有很生動的描述:「出售紅條一貼,生意就開張。阿貓阿狗什麼,還有鄰居阿媽也都兼做中人賺錢,連到附近雜貨店買一瓶醬油,都可能被遊說去看房。」

在那個年代,混廟口的夾腳拖男子拿著傳單在人群中兜生意,檳榔汁吐得街頭一片狼籍。資訊過於封閉的時代,買方只能靠一家家的詢問來了解行情。房地產交易又涉及很多產權問題,誰都能做的「中人」顯然未必有能力與知識因應這樣的問題。「亂糟糟的出了狀況誰來處理?有了糾紛又誰來調停?最後還不是買方最倒楣。」蔡惠芳說。

黑道手槍上桌的鄉野傳奇

進入 1980 年代,隨著台灣經濟起飛,房地產交易開始熱絡,更多人投入這行。在這樣「錢」景一片大好之下,經濟部於 1985 年正式開放房屋仲介公司辦理登記,申請牌照,各方高手紛紛摩拳擦掌進入產業挤博商機。

但當時法令尚未齊全,暴利的背後難免會跟「暴力」有所連結。永慶房產集團曾為了留下珍貴的產業歷史,採訪過前中華民國不動產仲介經紀商業公會全國聯合會(通稱「全聯會」)秘書長鄭曦,他回憶當時房仲業的水準、氣質及形象都很差,甚至很多都有「道上」背景,業者大多屬於「武派」。

「我們當時的仲介水準真的很

低，阿貓阿狗都可以幹，所以人家叫我們『牽猴仔』，」鄭曦直言，「比如巨東、震達……，那可是非常兇悍，對一般消費者而言，是望而生畏。」

這並非邏輯上的推論，而是真實上演的情節。葉凌棋當時就曾親耳聽到客戶描述他的恐怖經歷，買賣雙方被有黑道背景的「中人」壓著簽約。

「鐵門一拉下來，一個有 L 型壓痕的牛皮紙袋（看得出是槍）就放到桌上，沒簽就怕出不去了，」葉凌棋說起當年房仲市場的混亂，簡直像是令人難以置信的鄉野傳說。

推動「新式仲介」翻轉舊有市場

這正是孫慶餘從沙烏地阿拉伯回台後，一頭栽入房地產仲介後，發現自己所處的市場現況。

在業界試過水溫，見到代書兼做房仲、買斷賺價差黑心手法的他，其實要跟著「市場派」賺大錢並非不行。但是，他心中對房仲有不同的想像，「在當時，房仲業在美國已有 90 年歷史，在日本也有 70 年的發展，其實已經有發展成熟的典章制度可以參考，」孫慶餘說。台灣的消費者理當也能享受到這樣的一種服務。

因此，孫慶餘開始心生改革動機，希望將產業導入正軌，推動「新式仲介」。

到底什麼是「新式仲介」？簡

單來說，就是要將仲介變成一門專業，仲介經紀人要有專業的證照資格，市場要有被規範的公開遊戲規則，交易要強調透明化。因此，仲介業不論是直營或加盟店，營運模式都必須改成收取固定費率的服務費，藉此杜絕黑心仲介利用資訊不對等的落差，低買高賣、賺取暴利差價的歪風。

為了了解其他國家仲介業的發展，孫慶餘開始取經美、日等成熟市場。他認為美、日房仲業，許多想法和邏輯都值得台灣借鑒，便出資找「住商不動產企劃研究室」的李志忠先生成立「住商興業股份有限公司」，研究企劃並推動全台第一個房屋仲介連鎖加盟體系「大台北不動產仲介聯盟」。試圖為消費者打造一個公平的房屋交易平台，

也希望整個產業能夠提升。

孫慶餘成台灣房仲加盟祖師爺

1987 年，為了向中南部其他縣市散佈新式仲介的種籽，加上三重有一家業者已註冊相同名稱，於是「大台北不動產仲介聯盟」正式更名為「住商不動產」（圖一）。

若以系出同源的角度看，現在全台房仲超過六成市佔的業者，都可說是出自「大台北不動產仲介聯盟」，包括後來信義房屋創辦人、信義代書事務所的周俊吉、住商不動產榮譽董事長吳耀焜等等，當時都是這個體系中的加盟店東。

有了更大的平台，孫慶餘開始大展拳腳，希望改造台灣的房仲市場。聯盟成立後，孫慶餘蒐集了大

▲ 房屋仲介在國外早已是發展成熟的產業，有許多現成規範可以參考。圖為日本三井不動產集團主樓。

量的資料分析，引進日本三井不動產、美國 21 世紀不動產與日本住通不動產的先進經營理念，還去日本找顧問、搬書回來翻譯在地化，形成「新式仲介」的完整架構。

改造第一步：先改「外型」

改造的第一步，先從「外型」開始。

早年傳統仲介業者，大多採所謂的「樓面式」經營，也就是將公司

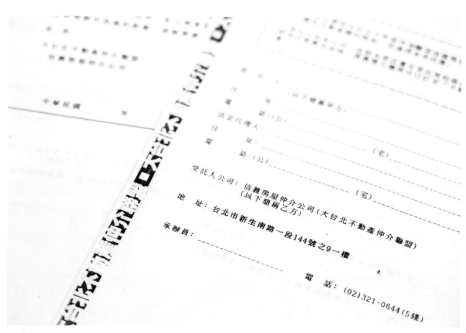

▲ 當年文件顯示信義房屋為大台北仲介聯盟底下的一員。

圖一、台灣房仲業早期發展的小年表

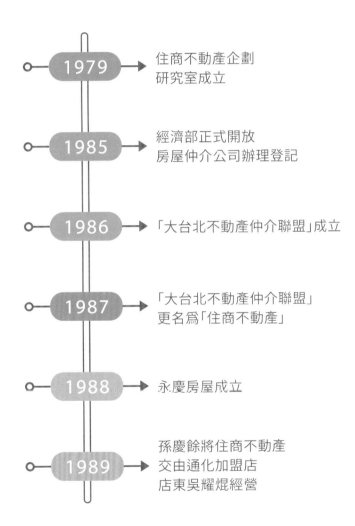

1979　住商不動產企劃
　　　研究室成立

1985　經濟部正式開放
　　　房屋仲介公司辦理登記

1986　「大台北不動產仲介聯盟」成立

1987　「大台北不動產仲介聯盟」
　　　更名為「住商不動產」

1988　永慶房屋成立

1989　孫慶餘將住商不動產
　　　交由通化加盟店
　　　店東吳耀焜經營

設立在二樓以上的樓層中，而孫慶餘則主張採「店面式」經營。但這樣無論是租金或經營成本，都會比「樓面式」高上不少，為何要如此呢？

答案很簡單：既要強調「交易透明」，那就讓交易環境先透明。

房屋交易沒有不二價，需要買賣雙方協商，也需要房仲業者的居中斡旋，將營業場所設在一樓店面，就是「新式仲介」所作所為無不可對外人道的重要宣示。房仲公司設在一樓店面，打開「天窗說亮話」，讓往來人流一目瞭然其中作業。

從「牽猴仔」到穿西裝

對於從業人員的形象，孫慶餘也有想法，認為仲介經紀人應該要有乾淨俐落的外表，來凸顯專業形象。從此開始，台灣房仲經紀人的形象，從吃檳榔、穿拖鞋、不入流的樣子，變成穿西裝制服打領帶的標配，漸漸洗白「牽猴仔」和「中人」的劣質形象。

在此同時，孫慶餘也推動房仲經紀人的底薪制，保障每月 12,500 元底薪，讓從業人員不至於為了求財，做出傷害消費者權益與產業永續發展的行為。因為形象的改善，從此才開始有比較多大專以上教育程度的新鮮人，主動加入房仲行業。

▲ 如今房屋仲介普遍都採店面式經營，而這正是由孫慶餘所引進的觀念。

改造第二步：內在升級

改造「外型」之外，企業營運的「內在」也要升級。

孫慶餘大力鼓吹房仲經營者添購電腦設備，為了打造房地產資料庫而準備。另一方面，也要給予從業人員教育訓練，把「新式仲介」的理念傳達出去。所以聯盟成立後不久，教育訓練便如火如荼地展開。

在第一梯次訓練中，孫慶餘就親自上陣擔任講師，傳授「商耕」的概念，並透過管道從美、日拿到很多關於房仲業的教學錄影帶，苦口婆心的勸說夥伴，「來學國外的新式做法，放下眼前短利，將來必有大好前途。」

訓練課程中，孫慶餘一再重申理念：「新式房仲」才能引出幸福成家之路；傳遞「以人為本」觀念，讓消費者獲得「最大滿意度」才是仲介業永續發展的關鍵。

更重要的是，買方、賣方和仲介經紀人三個角色利益時有衝突，基於職業道德應該劃清界線，拒絕短期炒作繼續賺取差價，謀取合理佣金以外的不當暴利，為產業建全站穩腳跟。房仲講究「誠信」，一旦失去消費者的信任，整個產業必將分崩離析。

改造最核心：不賺價差，賺固定比例服務費

改造不僅是改良外在形象與強化內部營運，重點更是在於翻轉營運模式：改掉「賺差價」的獲利模式，主張只收取固定費率服務費。

「賺價差」這件事，其實是傳統仲介的暴利源頭。在制度尚未完整建立的傳統仲介年代，代書兼做仲介，賺取高額價差可說稀鬆平常之事。蔡惠芳回憶當年：「外行的屋主先是開 500 萬房價，仲介暗地偷笑說，這個老太太根本就不懂行情，其實外面是 800 萬，然後就跟屋主簽 500 萬委託，再偷偷賣高到 800 萬，300 萬的中間差價賺進荷包的事情屢見不鮮。」

但也正是因為如此，扭曲了整個產業道德與市場行情，這也是孫慶餘要推動「新式仲介」的原因。

「仲介業應該賺合理服務費就好，偏偏很多人就是要賺暴利差價，當年如此，其實直到現在也還是一樣，只是多加一個白手套──

投機客而已，」孫慶餘感嘆地說。

改革的困難，先出錢因應

然而，所有的改革都是不容易的，尤其是要推翻別人既得利益的作法，更是難上加難，甚至都可能賠上人身安全。

「過程中，擋人財路的孫董隨時被人套布袋痛打一頓也不奇怪，事實上他也的確曾被黑道撂狠話說，要打斷他的一條腿！」蔡惠芳觀察。

不僅有傳統業者的威脅，即便是已經加盟住商不動產的業者，也未必真正有堅強的改革意願。

首先，從樓上到一樓、導入電腦等作法，就已經讓加盟者大

喊吃不消。

民國70年代初期，在「大台北不動產仲介聯盟」創立伊始時，市面上買286電腦、傳輸器加上印表機，一整套就要花上十幾萬新台幣。

果不其然，加盟店東們可說是一下炸開了鍋，反彈的聲浪排山倒海而來。大家覺得靠嘴巴也做得成的買賣，何苦掏腰包做些有的沒的，根本不切實際。

更有人直接開炮：「不賺差價只收取固定服務費，上百萬以上的交易才收取五、六萬元的仲介費，然後又要我們租店面、給經紀人底薪，現在還要我們買昂貴的電腦設備，怎麼吃得消？」

「不要計較這個，我幫你們墊錢購買，以後賺錢再還我，」孫慶餘為了推動心中的理想，還先開支票給店東幫忙付了電腦設備的貨款，顯現義無反顧的決心。

葉凌棋如今回想當時情景，提出了自己的觀察。「大台北加盟體系開工時，孫董是第一個提出引入資訊設備想法的人。如果沒有這開始，仲介的資訊化將原地打轉，必然錯過迎合時代潮流的黃金期。」

花錢也改不了的人心

花錢可以解決的問題不算問題，真正難以改變的是人心。

「住商不動產」雖然成立，但孫慶餘知道只是外表整合出來，但內心不好整合，即便努力推動教育訓練，也推動底薪制度，還是難以避免多數加盟夥伴遊走中間騎牆觀

望，觀察新式與傳統仲介哪邊成為主流再選邊站的問題。畢竟，「新式仲介」這套做法，不僅要有比較高的先期投資，若是無法成功賺錢，大家自然還是會走回傳統仲介的老路。

除了「信仰不堅定」的問題之外，當時的加盟做法還在萌芽期，其實大家基本上都是獨立的個體，加盟總部對店東的約束力很低，相對較為弱勢，「新式仲介」最重要的觀念難以深入建立。可以說，「新式仲介」雖然引進，大家卻「只得其形，未得其神」。

「從樓上搬到樓下，穿西裝打領帶，但心不變，也沒有用，」孫慶餘說。

說得好，不如做得好給他們看。

此時，孫慶餘體悟到一個道理：「加盟的成功，必須先有直營成功的經驗為基礎。」先做到最好，再求最大，這樣才能確保新式仲介理念的落實。

為了貫徹自己的理想，說得千遍好不如做一遍示範給大家看，於是孫慶餘在 1988 年再次創業，成立「永慶房屋」。將從美、日等先進國家取經歸來的「新式仲介」運作模式，親自做一套成功的表率出來，現在，孫慶餘要以「永慶房屋」為舞台，證明自己的理念也能成功，這樣才能徹底翻轉房仲界的形象。

至於「住商不動產」的部分，則在 1989 年交由通化加盟店店東吳耀焜、中壢市中美加盟店店東徐曉東、台中市西屯加盟店店東陳文堅

▶ 如今房仲形
象與當年
不可同日
而語。

經營，但他自己卻從未退股，成爲
穩住住商不動產初期財務的重要支
柱，至今孫慶餘仍是「住商不動產」
的創辦人兼大股東。🐱

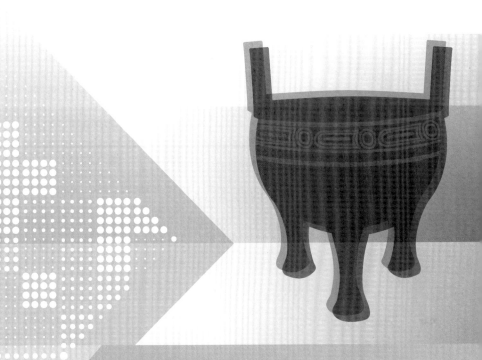

第二章

一千萬黑心暴利都不賺
用童叟無欺打造第一品牌

1989 年 8 月 26 日，絕對是台灣房地產市場中難以令人忘懷的一晚：近五萬人夜宿當時的台北市「地王」路段忠孝東路四段，抗議翻漲以數倍計算的房價！

這場台灣解嚴後第一個由小市民點燃的都市改革運動，是以李幸長為主的一群小學老師，用發傳單、辦活動方式，拉起台灣史上第一次抗議高房價的「無殼蝸牛運動」序幕。

當年 37 歲的板橋新埔國小老師李幸長，一邊教書一邊準備研究所考試。前一年年底，他把房子賣了，閉關讀書，準備換個小房子，留點錢作為進研究所基金，以及即將出生的小孩費用。沒想到才半年時間，他賣了 160 萬的房子已漲到 300 萬，但他卻連小房子都買不到了。

怒火難平的他，和同事及一些朋友在當年 5 月發起組織「無住屋者救援會」。沒想到原本只是一個單純小學老師微弱的發聲，卻引起庶民大眾廣大的迴響，因為那也是所有無殼蝸牛之痛。

「沒有房子，最慘的狀況就是睡馬路嘛！要睡馬路的話，就要睡全國最貴地方！」李幸長當年接受媒體採訪時說。

目睹無殼蝸牛運動，強化「新式仲介」決心

當時房價漲得到底有多離譜？1970 年代，經歷了兩次石油危機，政府在多項公共建設、產業升級的

擴大投資後，台灣經濟再次起飛，房價也因此看漲，在仁愛圓環第一次出現總價破百萬的豪宅，還引得當時的行政院院長蔣經國派人調查「到底是誰住得起」。

進入 1980 年代，政府又祭出多項產業獎勵辦法，商賈繁盛。到了 1983 年，臺灣的製傘、製鞋、拆船業、自行車、網球拍等 21 項產品，就已經名列「世界第一」，房地產更是水漲船高。

1987 年 2 月 27 日，財政部國有財產局標售北市南京東路三段華航旁一塊 1,700 餘坪的土地，國泰人壽以超過公告地價 3 倍多的 1 億 5 千萬創下當時天價標下，也使其周邊土地頓時飆高，從此台北市地價開始高漲。

台北房價四年內漲 449%

根據《天下雜誌》的報導，在無殼蝸牛上街當時，台灣房價在兩年內已經漲了 3 倍，台北市房價更是在四年內漲了 4.5 倍。當時台灣預售屋及新成屋的平均每坪單價，由 1987 年約 6 萬元，上漲至 1989 年約 19 萬元。北市住宅價格更由 1986 年每坪 6.72 萬元，漲到 1990 年的 36.87 萬元，漲幅達 449%。

同一時間，台灣股市迎來爆發，自 1986 到 1987 年，短短一年內，暴漲將近 5 倍之多，股民腰纏萬貫，房市也跟著熱絡。所以當市場知道孫慶餘要創立一個新的房仲品牌時，都以為他是看市場一片大好，要自己出來賺，殊不知這其

◀ 1989 年的無殼蝸牛
運動，引發大眾廣大
的迴響。

◀ 1970 年代後,台
北市房價飛漲,
仁愛圓環周邊可
說是代表。

實是他的一場豪賭,要真正落實自己所引入的「新式仲介」。

「因為加盟店店東不確定新式仲介到底會不會成功,我乾脆自己先成立永慶房屋品牌,以直營店方式來經營,要向他們證明這樣是會成功的、這樣才是對的,」孫慶餘說。

說的不如做的,開直營店證明理念

說的不如做的,孫慶餘把永慶房屋當成「新式仲介」的樣板,將當

初推動的作法，直接應用在 1988 年成立的「永慶房屋」直營體系（註：永慶僅在雙北地區有直營店，其他地區都採加盟，詳情見第七章）。

有趣的是，當時店招牌掛的是永慶房屋「生活仲介廣場」，而不是「房屋仲介」，因為永慶房屋是要幫助消費者找尋美好生活的落腳處，希望「美好生活，從此開始。」

圖一、台北市房價在 1980 年代的飆漲趨勢

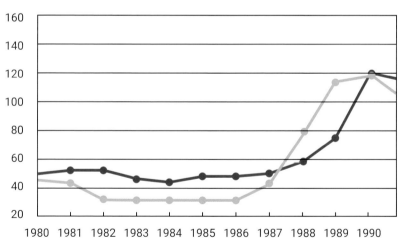

資料來源：張金鶚〈中古屋及預售屋房價指數之建立、評估與整合
——台北市之實證分析〉（2008）

第一步，永慶房屋花了90萬、一整年的時間，在1990年導入以紅、灰、黃三色爲基底的CIS（企業品牌識別系統）。紅，象徵永慶房屋熱忱、積極、主動的服務；黃，象徵永慶親和的形象，根植於社區、土地；灰，象徵永慶專業的形象，以及踏實穩健的作風。

圖案設計則是以箭頭指向住屋造型，結合陰陽三個同心圓弧，代表三個圓滿。第一個是交易的圓滿，保障客戶權益達成交易的誠心；第二個是服務的圓滿，一次委託永久服務的信心；第三個是居住的圓滿，階段性地爲客戶，從尋找家、擁有舒適的家、到享有住屋尊嚴的信心。這亦象徵永慶追求成長、生生不息的企業精神。

員工的外表一樣要求。他們發給員工制服，男性西裝領帶、女性上班套裝是基本標準，在在都要從外表來體現品牌強調的專業與信任精神。也許有人會認爲這只是表面，但長期觀察永慶房屋的前淡江大學產業經濟系副教授莊孟翰卻不這麼認爲。

「從店招、制服、領帶、接待到內部裝修有一個整體的企業形象其實非常重要，永慶從服儀的要求，到禮節的訓練都有固定的SOP，這才能體現這是一個對自己有嚴格紀律要求的組織，也才能取信消費者。」莊孟翰說。

▲ 1988 年永慶房屋創立，是台灣新式仲介的標準樣板。

三不政策：不炒房／不造假／不隱瞞

更重要的是把「新式仲介」的核心導入：收取固定比例服務費，不賺價差的交易透明化。為了實現這個理念，永慶房屋從成立的第一天，就開始大舉「三不政策」大旗，

也就是「不炒房／不造假／不隱瞞」。

這可不是標語。

早期有個案例，讓許多元老級的員工至今印象深刻。當時有位店長興沖沖跟孫慶餘報告「好消息」，敦化南路上有間店面，屋主急需用

◀ 永慶員工早年的制服照。

錢開價六千萬出售，但買方願意出到七千萬。中間價差如此大，主要是因為店面買賣數量較少，因此很難知道行情，這樣的資訊落差正給予了仲介上下其手的空間。永慶大可以先找人頭或投機客合作，用六千萬買下再轉手以七千萬賣出，立馬就賺一千萬，另外還有兩次仲介服務費的入帳。

放棄一千萬不賺，只為了誠信原則

但當時站在第一線直接帶領員工的孫慶餘，面對暴利的誘惑也不妥協，當場厲聲拒絕，重申永慶房屋的三不原則，堅持永慶的角色是協助買賣雙方完成交易服務，要賺的是服務費而不是差價，最後雙方以七千萬成交。

「其實那時公司還虧錢，我們只要動手腳就可以賺一千萬，但我不願意，董事會知道了也唸我，但我還是決定要這樣做，後來那個店長也因為理念不同自己就離職了。」身為領導者的孫慶餘以身作則，也才能將誠信內化成企業文化的DNA。

「這要有多大的理念、堅持、意志，然後克服人性，才能夠克制去賺 quick & easy money？當然也是因為如此，我們才會願意跟著孫董這麼久，」葉凌棋觀察。

不用老鳥用新人

為了確保找到認同這樣價值觀的團隊，孫慶餘每網羅一位夥伴，都是親自深談，寧可任用適合

公司文化的人,也不用很優秀但不合公司文化的人;寧可找有潛質的新人來訓練,也不愛用仲介業中的老鳥。

「有時候永慶房屋的客戶還會嫌我們的人,有點鈍鈍、笨笨的,很誠實、很實在,」孫慶餘笑著說。

葉凌棋就是這樣進入永慶。

政大地政系畢業的葉凌棋,第一份工作就加入住商不動產,是當時行業中少見的高材生。原先他因住商標榜的「新式仲介」而入行,但一年多下來覺得自己的成績一直不理想,開始萌生退意。「我當時真的已經不想再做房仲了,」葉凌棋回憶。

就在他離開房仲業不久,他的一名學長找上他,「凌棋啊,我們家老闆想跟你吃吃飯聊天。」

這位老闆正是孫慶餘。葉凌棋記得,當時席間除了自己與學長外,就只有孫慶餘與夫人,過程中聊了許多,直到席後才邀請他加入永慶房屋。「我覺得孫董在吃飯當中已經在對焦理念了,覺得我的想法與他相同,才願意讓我加入永慶房屋。」葉凌棋表示。

上班第一天是去參加活力營

一加入永慶房屋後,葉凌棋的震撼一波接一波。

報到第一天,竟然直接到東勢林場,參加由永慶房屋委託中國生產力中心主辦的企業文化活力營,因為孫慶餘認為打造以「新式仲介」為核心所建構出的企業文

▶ 政大地政系畢業的葉凌棋，一畢業就加入房仲行業，見過市場許多光怪陸離。

化，是永慶房屋的成功關鍵。

「我從來沒聽說有哪一家房仲公司會讓全部經紀人三天都不用跑業務，還花幾十萬來做教育訓練！我永遠記得那一天的日子，就是1989 年 8 月 11 日。」葉凌棋至今印象深刻。

審慎選才的作法，從創業延續至今。即便直到現在，永慶房屋對業務人員的招募還是一直很嚴謹。對於新人，永慶房屋特別強調「歸零」，無論內外在都要落實「新式仲介」的精神，所以永慶房屋從過去到現在，都特別注重教育訓練。

從早期的企業文化營隊，到現在已經發展成一套完整的教育訓練系統，包括剛進入公司第一週的職

前訓練，開始工作之後，每週還有在職訓練，根據員工的職務和階層安排的課程，包括專業知識、人際溝通和管理技巧，根據內部統計，一名新人進公司前半年在總公司及分店的訓練課程達520小時！

進用過程的審慎、教育訓練的確實，讓「永慶人」有一種獨特的共通性。「孫慶餘本身就很忠厚、踏實，然後你看他們的職員，也是一個個都很厚道，領導幹部也是文質彬彬，」全聯會前秘書長鄭曦觀察。

傳統對手賺差價，仍是市場主流

初試啼聲的永慶房屋，雖然給人耳目一新的印象，但仍得面對市場嚴峻的挑戰。

永慶房屋總經理吳良治回憶，當年市場競爭激烈，網路尚未出現，行銷管道之一還是得靠貼傳單的傳統方式。「當時我們入行的時候，工作方式很傳統、很辛苦，我也掛過電線桿，從大安區一路掛到新店，等我騎車回來又發現都被同業競爭給拆光了，眼淚都快掉下來。」吳良治說。

傳統「買斷賺差價」作法，在市場上也依舊常見。

吳良治回憶，當年他們開發房源，常常一進到屋主家裡面，就看到客廳裡面坐了十家仲介。跟屋主說明永慶房屋採取固定服務費的新式作法，希望能藉此吸引屋主。但在房貸利息動輒5~8%的年代，很多屋主因為房貸壓力沉重急需資金，有時仍會被用現金收購的業者

（投機客）買斷，殊不知這只是落入對方「低買再高賣」賺差價的黑心手法。

「有時我話還沒說完，馬上就有其他業者說我不收你服務費，看屋主要賣多少，我賣不到不收你錢，甚至還有業者把屋主拉到旁邊，直接掏出十萬買斷，」吳良治回憶當時想要正派經營卻舉步維艱。

危機中逆勢成長

更糟的是，公司成立才兩年，台灣就在 1990 年遭逢股災，股市從 12,682 點崩跌至 2,485 點；房地產市場也瞬間急凍，成交量跌至前年的三、四成。「當時我跟吳總覺得能活下來就不錯了，」葉凌棋說。

不過，危機也是轉機。

▲ 掛招牌、貼廣告等傳統行銷手法，幾乎所有老房仲早年都經歷過。

景氣好，代表競爭激烈。房價一路向上飆的時候，順手生意吸引各路人馬，幾家由大財團支持的仲介公司更是憑著財力、廣設分店，打算鯨吞市場。對於沒有雄厚財力而且起步較晚的永慶房屋而

言，只能分到好景氣的一小杯羹，辛苦奮鬥。

景氣壞，就是汰劣存優的時候。體質差的公司紛紛收手，財力大的公司也開始減緩擴張的腳步，甚至裁撤分店，競爭對手因此減少。另一方面，由於房屋成交的困難度增高，客戶傾向尋求專業仲介公司的協助，不景氣中開始閃現新機會的光芒。

三分之一業者退出，永慶房屋分店不斷增加

落實「新式仲介」的精神，隨著團隊、品牌的建立，永慶房屋竟然在股市崩盤之後、至少三分之一的業者退出房仲市場的時刻，逆勢突圍，分店增至九家，各分店業績平均成長 2.07 倍，每個月至少有四分之一的分店業績刷新自身紀錄，1991 年更獲得《天下雜誌》以〈運籌不景氣的贏家〉為題報導。

《天下雜誌》如此寫道：「創新高一半靠時勢——不景氣淘汰一些競爭對手，另一半靠自己——長期投資強化體質，因此禁得起考驗。」

「我們當年連市場的前 15 名都不是，致勝的關鍵就在於我們策略清楚。」孫慶餘說。

後援團隊比創造營收的經紀人還多

策略之一，就是投資建置完整的組織，以提供最佳的客戶體驗。

葉凌棋對此也有深刻印象。

運籌不景氣的贏家

在裁員、整頓、減薪的不景氣亂局中，
房地產仲介業的永慶房屋與電子業的所羅門企業
却分別交出漂亮成績單，他們如何在同業的低迷愁苦中脫穎而出？

張玉文

所羅門企業——
把關品質門

面對「永不改變的是變」的局勢，企業主該隨機應變，還是乾脆以不變應萬變呢？

「我們是有所變，有所不變。」所羅門企業總經理陳健三篤定地表示。

不景氣加上中東戰爭，原先靠進口電子零件為主的所羅門要變，是為了公司的持續成長而踏出新方向。進口電子零件的利潤越來越低，所羅門決定跨入製造業，選擇有前瞻性的薪產品，例如通訊產品和關鍵性零組件液晶顯示器模組。但所羅門也有所不變，不變的是，為公司長久經營而整頓內部：自七十七年開始推行的全面品質保證（TQA）活動

四十六歲的陳健三，一貫地那麼篤定於變與不變的掌握。尤其在去年面臨「所羅門成立十八

年來最不好的一年」，也曾經沮喪、洩氣過，可是自認為較偏向戰鬥型而非享受型人生觀的陳健三鼓舞自己：「要忍耐，路還是要走下去的嘛！」打網球、爬山都是陳健三調整情緒的方法，有時候他會打開電視，專心研究電視劇的情節和人物心態，藉此轉換心情。

主管的心情也需要陳健三來調整，陳健三形容自己是「全公司最無聊的人」，到處找人談話，討論的是公司各種可能的發展，正、負面的影響，溝通變與不變的訊息，引導他們往樂觀的方向思考。

對未來的樂觀執著並非盲目，所羅門強調的是「有遠景的執著」，憑著過去對電子零件的了解以及對未來的掌握。所羅門投入資訊界需求旺盛的液晶顯示器模組，以及市場空間很大、對手卻不強的通訊

▲ 當年對不景氣中高成長的永慶房屋，1991 年 3 月 1 日的《天下雜誌》給予高度的評價。

他剛進到公司時，僅有兩家直營店，業務單位全部不到 30 人，而行政管理部門的人比業務人數還多。在增至九間門市的這個時點，創造營收的房仲經紀人不到 60 人，卻有近 90 人後援團隊，以保障消費者權益、增加溝通管道。1992 年，永慶房屋更成立設備先進的客戶服務中心，因為房仲業的核心價值是信任，必須設法確保買賣雙方從委託開始，完整的體驗都能滿意。

「別的房仲公司都是房仲經紀人越多越好，可是我們超過一半都是行政管理部門的人，可說五臟俱全，充分支援我們第一線，」葉凌棋說。

此外，永慶房屋獨特的師徒制，也讓同仁都有一種家的歸屬感，

對於破壞團隊合作的夥伴更是絕不寬貸。草創初期孫慶餘就曾經開除一名蓄意破壞同事與客戶關係的經紀人，即便他是全公司的業績冠軍。

「永慶房屋從創立之初就講究團隊，沒有派系內鬥、前輩也不藏私，所以我們年輕人喜歡這種環境，」即便環境艱困，但吳良治從沒想過要退出。

做出口碑，客戶半年內介紹 18 位客戶

當然更重要的是，永慶房屋強調的交易透明化，讓消費者特別有感。

日本經營之父稻盛和夫曾說過：「把成交擺第一的產業，多半缺乏耐性或眼光。」在永慶房屋的文化

中，服務的品質絕對優先於交易的達成。「要有服務的心態，跟客戶的交往不能只有錢，得到客戶的信賴也是一種價值，永慶房屋也不會只在意你的業績。」吳良治說。

強調「服務優先而非成交優先」的作法，大大提高了顧客的再惠顧率。曾經有一位客戶在交易完成之後，陸續介紹親朋好友給永慶房屋，半年內達 18 位之多。

員工購屋通報機制，炒房零容忍

此外，對於員工炒房這種作法，永慶房屋更是零容忍，而且後來更從內規演化成公司白紙黑字的規章，建立「員工購屋通報機制」，員工及其二等親內，購售屋必須通報，且兩年內不可轉售，主管更延長至三年。

這其中也有一個故事。有個店長用三千多萬幫一位老伯伯賣掉房子，但沒過多久這個房子卻再以四千多萬轉手賣出。後來，永慶發現原來中間的白手套，竟然就是這位店長的哥哥，不僅開除了這位店長，也將員工購屋通報規定，擴大到二等親都要揭露。

「當永慶人心態很重要，雖然我們收入比一般上班族相對高，但也是講究穩紮穩打，不能有暴利的心態。即使到今天，我還是連股票證券戶頭都沒有，」吳良治笑著說。

「不買房子，不賣房子」的第一支電視廣告

在不景氣中逆勢突圍後不久，1995年兩岸爆發台海飛彈危機，房市再次受挫。但永慶房屋反而逆勢操作，決定推出自己的第一支電視廣告，委託奧美廣告當時旗下的子公司運籌廣告來拍攝，深化「新式仲介」在消費者心中的認同。

「不買房子，不賣房子，我們提供您實實在在的資訊與服務，永慶房屋幫助您買房子，賣房子，」短短15秒的廣告內容，開門見山地告訴消費者永慶房屋不做黑心仲介的理念。

「當時這支廣告的製作金額，可

◀ 永慶房屋第一支電視廣告，主打不買房子、不賣房子，只提供專業服務。

是高達我們全公司將近三個月的營收，」即使跟隨孫慶餘多年，葉凌棋還是大吃一驚。

同業不滿，廣告公司上門道歉

但沒想就這一支簡單、直白的廣告，竟讓信義房屋炸開了鍋。

廣告播出後，台灣奧美集團的董事長宋秩銘親自登門拜訪，懷抱歉意表示，因為信義房屋已是奧美的客戶，要求奧美全集團都不得再接拍永慶房屋的廣告！

葉凌棋至今仍對信義房屋的作為感到無法理解，「廣告集團公司不同法人，同時服務兩個客戶並不衝突，更何況又不是奧美直接幫我們拍，是旗下的子公司，何必如此打壓？」對此他也只能解讀為，

因為忌憚賺差價的黑心手法被消費者熟知。

這種困難障礙，一路上可說不勝枚舉，包括後來「宅速配」也遭信義房屋向公平交易委員會檢舉廣告不實，但經調查，反而還永慶房屋清白，「還等於有了公平會的背書認證。」葉凌棋笑說。

不過即便頻遭打壓，卻沒有動搖永慶房屋的意志。「那時候我們太小了，小到常常被欺負。我們拍廣告是為了宣揚理念，雖然不知道當時消費者是否理解，但我們內部士氣大漲，吸引了大批理念相同的夥伴。」孫慶餘說。

產權七審制度，六大安心保障

1997 年，永慶房屋持續堅持

落實理念，推出「產權七審制度」。房屋交易牽涉金額鉅大，需要小心固然不錯，但我國有地政司機關負責物權登記，等於有國家來擔任保險機制，交易後只要在地政機關辦理登記，就有絕對的效力，為何還需要仿效國外，有所謂的「產權調查」呢？

葉凌棋直說：「這當中其實還潛藏很多風險，即使在拿到謄本後，也有被查封、被預告登記等等的可能，更不用說在交屋前，還沒拿到權狀、登記設定還沒完成的情況下，處處都有陷阱。」

所以永慶房屋首先就要幫消費者確保產權的安全，設置了業界最嚴謹的「產權七審制度」。透過七道嚴格審查關卡，從委託、銷售、

簽約、用印、完稅到交屋，由經紀人員、店長、代書、產調專員層層把關，確保產權沒有異常。（圖二）

交易過程中除了要確認產權的正確性，還要調查是否有漏水、輻射屋、海砂屋，甚至凶宅等等情況。所以在「產權七審制度」的基礎上，永慶房屋更在 2007 年進一步推出完整的「六大安心保障」：產權七審保障、價金履約保障、漏水保固、凶宅保障、高輻射建物保障、高氯離子建物（海砂屋）保障。（圖三）

全台灣唯一提供建物漏水無屋齡上限保固

對於建物漏水，永慶房屋也

圖二、產權七審制度

	審查時機	審查人員	審查內容
一審	於客戶正式委託前後	經紀人員和店長	第一時間掌握產權現況，替買賣雙方留意可能的缺失，維護您的權益
二審	一審完成後立即進行	產審課產調專員	就房屋的屋齡、面積、產權等資料審查其正確性，並製作不動產說明書供買方閱讀
三審	賣方簽收訂金前	店長	在物件成交前確認產權現況，並以書面向買客戶確認
四審	簽約前	簽約課主管	在簽約前再一次詳細審查，若有異常立即要求改善
五審	簽約前	專業承辦代書	申請最新登記簿謄本，掌握標的物簽約前最新產權
六審	簽約後立即進行	簽約課主管	掌握買賣契約書之簽立品質，以協助後續流程
七審	簽約後至用印、完稅、交屋，全程參與品質控管	法務人員	對進行中的代書案件進行定期及不定期審查，嚴格控管代書作業流程

※ 以上服務內容僅限永慶房屋直營店。永慶代銷與永慶資產之物件均排除適用。詳細規定悉依永慶房屋相關保障辦法為準。

圖三、六大安心保障的圖式

6大安心保障
讓您全程放心

1 產權七審保障 首創由委託、銷售、簽約、用印、完稅到交屋嚴格審查關卡,全程控管交易安全。

2 價金履約保證 銀行設立專戶,買賣價金有保障,讓買方付款安心、賣方得到應有的價款,保障買賣雙方的權益。

3 漏水保固 仲介業唯一無屋齡上限保固,交屋日起六個月內,最高30萬保障額度。

4 高輻射建物保障 交屋後約定保障期間內,提供輻射瑕疵保障,讓購屋更安心。

5 高氯離子建物保障 交屋後約定保障期間內,提供氯離子瑕疵保障,降低買屋風險。

6 凶宅保障 建立嚴謹的凶宅篩選警示系統,並提供凶宅補償買回制度,雙重把關確保交易安全。

是全台灣唯一提供無屋齡上限保固，保障額度最高 30 萬，因為以永慶直營體系所在的台北市、新北市來說，大部分都是超過 30 年以上的老屋，若還設有屋齡上限，讓有保固等同於沒保固。

還有「價金履約保證」保證交易的安全，其方式就是將買賣價金保管於銀行信託專戶，直到交屋時，由銀行專戶中結清，支付給賣方，讓買方付款安心、賣方放心能得到應有的價款。

「房屋買賣中買方相對弱勢，因為買方付錢後，交屋前房子還在賣方名下，所以推出價金履約保證是來平衡雙方立場，而這機制的精髓是在於一個公正的第三方、而且每筆價金都有各自獨立

的專戶，有些同業也有類似的保證，但價金實際是統一存在仲介公司的帳戶，形同公司的小金庫。」葉淩棋表示，曾有同業「成屋價金履約專戶」被發現其實是公司帳戶，裡面的價金還有被挪用的情況，因此該戶頭遭到法院查封，像是《壹週刊》2018 年曾報導過的勤益控股控告信義房屋的官司，就是類似的具爭議性手法。

層層保障機制的設立，反映出早年房仲市場的亂象，但這反而給了堅持「新式仲介」的永慶房屋，有機會對消費者提出保障，展現市場上的區隔性，使品牌逐漸壯大。

「公司絕對不做違法的事情，所以面對客戶，我們都問心無愧很好睡。」吳良治笑說。

喜迎十周年，終於賺錢了？

1998 年，永慶房屋創立第十個年頭，總不該再有什麼新鮮事了吧？沒想到葉凌棋又再次被孫慶餘驚嚇到。

「就在這一年的某次會議上，孫董笑嘻嘻地對我們說，恭喜大家，我們公司終於收支平衡，開始賺錢了。」葉凌棋有點懷疑自己的耳朵，所以意思是過去十年，永慶房屋其實都在賠錢？而且期間還在人才培育、制度建立、品牌形塑、設備更新……持續加大投資？

吳良治也表示當時自己也是沒有想到這樣的情況，「畢竟孫董總是一派雲淡風輕，從來沒有讓我們擔心，而且未曾虧欠過員工半毛錢。」

可是好不容易開始賺錢，孫慶餘又要把錢給推出去！

投機客資料庫，拒絕上百億生意

1998 年，永慶房屋宣布建立「投機客資料庫」。只要在永慶房屋有短期內頻繁買賣紀錄的客戶，都會被登入這個資料庫，只要第一線經紀人輸入客戶資料，確認為登錄其中的投機客，就不能接受其委託，以免淪為炒房幫兇。每月至少拒絕 70~80 件生意，以雙北市平均成交總價 1,800 萬元計算，累計至今至少減損上百億的服務費營收。（圖四）

從孫慶餘引入「新式仲介」開始，到 1990 年代末，至少在形式上，台灣房仲市場上幾乎已經看不

圖四、永慶房屋提供安心保障的小年表

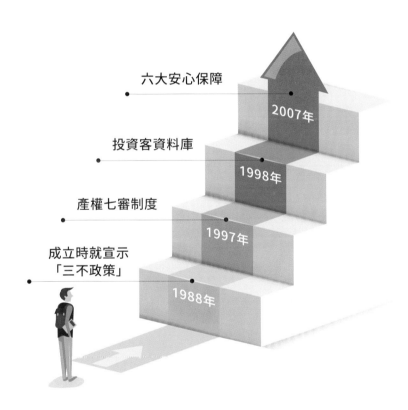

見傳統仲介的身影，因為消費者找到想要的服務模式，傳統仲介開始被淘汰，永慶房屋也逐步成為台灣最大的房仲集團。

「房仲第一品牌的地位怎麼來的？就是消費者潛在期待一個童叟無欺的買賣屋公平交易環境的總結。事實證明，就算不賺投機客的錢，發展卻沒有比較差，證明當初孫董的預判正確可行。」葉凌棋說。

第三章

無規矩不成方圓
推動仲介法制化

自由經濟中，政府管制愈少愈好。對大多數產業來說，這應該是很普遍的看法。

但台灣有個產業，竟然希望政府訂定法律來規範，這就是房仲業！

1999 年，《不動產經紀業管理條例》正式立法，成為健全台灣不動產交易行業中最關鍵的專門職業法案。

主動邀請政府立法管自己的產業公會

意外的是，希望政府立法管理市場的主力之一，竟就是代表市場的產業公會。

台灣房地產仲介的產業公會，早期只有區域性組織，例如 1988 年由王應傑創會理事長號召成立的台北市不動產仲介經紀商業同業公會、台中市公會等等。王應傑說：「但是地方層級的公會無法獲得政府重視，當時擔任國大代表的我，想要整頓這個混亂的市場，就萌生籌組全國聯合公會的想法。」1994 年，中華民國不動產仲介經紀商業同業公會全國聯合會（全聯會），整合了全台各地的房屋仲介公會，成為與中央政府對等口之全國性的房屋仲介組織。全聯會的重點任務之一，就是推動《不動產經紀業管理條例》的立法。

「全台灣所有行業中，只有我們房屋仲介業主動邀請政府立法來管理，我們的會員都是有品牌的房仲公司，當然希望市場有管理，這樣才能提升產業水準，並淘汰水準

▶ 無殼蝸牛運動的產生，
象徵房仲業亂象必須被
整頓的警鐘。

低下的房仲公司，提升行業的形象。」已經過世的前全聯會秘書長鄭曦，可說是台灣房仲業的活字典，他在 2014 年接受訪談時，為這段法制化的過程留下珍貴的紀錄。

產業法制化矯正市場亂象

為何要推動產業法制化？《不動產經紀業管理條例》第一條開宗明義點出重點：「為管理不動產經紀業（以下簡稱經紀業），建立不動產交易秩序，保障交易者權益，促進不動產交易市場健全發展，特制定本條例。」

「建立交易秩序」，就表示「各憑本事」（但未必是符合道德的本事）的江湖生態，將變成按規定行

事的法制化市場;「保障交易者權益」,意味著坑殺消費者的暴利行徑,將逐漸被透明化的交易所取代。

這背後反映的是 30 多年前,台灣房屋仲介業的亂象。無殼蝸牛運動,就是人與土地的關係出現問題的警鐘。事實上,在無殼蝸牛運動前,在消基會、消保會中,就已充斥著不動產交易的糾紛。

不動產糾紛超過法院訴訟件數一半以上

前內政部地政司司長、在任內積極推動市場法制化的張元旭分析,土地的問題就是人的問題,人與地如果關係調和,就是一個安居樂業的國度,反之就會造成重大的社會問題。土地具有既是經濟財、也是社會財的雙重意義,經濟是要談富裕、社會要講公平,兩個角色有時是矛盾的,處理不慎就是改朝換代的大事。

早期台灣不存在房屋仲介,但在社會結構與關係逐漸複雜化後,所有人買賣不動產幾乎都要透過仲介,所以交易的安全、公平,其實需要不動產仲介人來維持。但房地產交易涉及產權問題,仲介人缺乏專業,糾紛就會不斷。

「但偏偏當時不動產仲介人良莠不齊,一般民眾也根本不曉得好壞,更無法可管。當時不動產糾紛絕對超過法院件數一半以上,如果不加以管理,問題就會愈來愈複雜,絕對不是社會之福。」張元旭說。

法制化提升仲介水準，也保護業者本身

對產業來說，市場法制化雖然會有讓自己「綁手綁腳」的限制，但也未必是壞事，因為當時被稱為「牽猴仔」的房仲業者素質良莠不齊，形象也不甚好。不專業還好，要是碰上少數存心不良的仲介賺差價、一屋數賣、虛報坪數、欺瞞屋齡、詐騙貸款、甚至偽造合約等等，更會平添無謂的紛擾。

「我們要提升仲介人員的水準、氣質、和形象，那不好的，甚至於不會寫名字的、憑著嘴巴都會賣的那些人，漸漸就淘汰了，這就是提高仲介的水準。」鄭曦說。

而且政府法令、政策若能訂定明確，對業者來說也是保障。

「通常不動產發生糾紛的時候，房仲業者總是比較吃虧的，因為法官總會認為消費者不懂房地產專業知識，只有業者才是專業，因此每當訟訴發生，業者幾乎都敗訴，所以法制化也是保護自己的重要措施之一。」曾任消基會房屋委員會召集人、經手過數不清糾紛的莊孟翰說。

既有法律無法因應社會變遷

難道在這之前，都沒有相關的法律規範嗎？答案是「有，卻不足」。

地政相關規範在無殼蝸牛運動前將近 30 年，幾乎沒有太多的進展，反映出不同的政府治理思維。主管地政的內政部地政司，過往比較被動，只把界址、面積、權

利登記清楚，民間交易怎麼做，採取「公權不介入私權」的態度，對於地政管理的態度，傾向於以「不干預自由市場」為主。

雖有公平交易法、消保法…等，然而，法令的制定往往晚於社會的變遷，專業特許法律闕如，根本無法解決市場的問題。因此對不動產產業的立法管理，已到刻不容緩的地步。（圖一）

圖一、市場與法律的落差

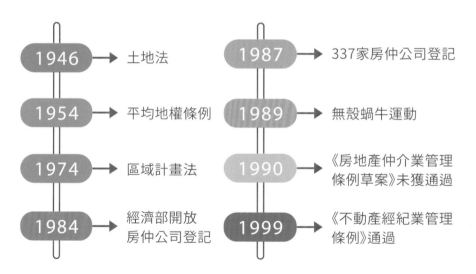

1946	土地法
1954	平均地權條例
1974	區域計畫法
1984	經濟部開放房仲公司登記

1987	337家房仲公司登記
1989	無殼蝸牛運動
1990	《房地產仲介業管理條例草案》未獲通過
1999	《不動產經紀業管理條例》通過

市場法制化出師不利：誰想被政府管？

在無殼蝸牛運動震撼社會後，行政院提出《當前住宅問題因應措施方案》，宣示要「研訂房地產仲介業管理法規，健全房地產交易秩序」，並成立了「法律規範房地產仲介業專案小組」。

這個以官方為主、並納入產業公會、學界、消基會等各方代表的小組，在 1990 年研擬出《房地產仲介業管理條例草案》，並於同年函請立法院審議，但卻未獲通過。

除了這個專案小組之外，當時消基會也積極討論相關規範，以保護消費者權益。莊孟翰回憶，當時他們開了至少 53 次的會議，研擬出預售屋與仲介版本的定型化契約條文，而且還附加 18 條使用說明，以便與實務現況相互銜接，但初期推動也是舉步維艱。

法制化的出師不利，究其原因，就是官、學為主組成的專案小組，無法跟業界取得共識。一方面，學界提出的主張容易陷入曲高和寡，無法與實務銜接的批評；更明顯的是，誰想被法律管束？尤其當時業界參差不齊，更會排斥，並且還會透過民意代表遊說來阻礙法制化。

「因為沒有信心面對法律上白紙黑字的競爭標準，而且維持現狀、待在舒適圈是人類的慣性，既得利益者大部分都不想改變，」張元旭說。

業界自發啟動改革齒輪

因此，業界改革派的角色，就顯得份外重要。他們認為行業水準不整齊，就無法可長可久，所以想辦法提升行業水準，期許用法制來導正市場規範。

在這過程中，當時由全聯會創會理事長王應傑授權擔任全聯會法規會召集人的孫慶餘，成為推動法制化最重要的人物之一。這也揭示出，為何朝向落實「新式仲介」而創立永慶房屋的孫慶餘，在永慶房屋發展最艱困的頭十年中，卻仍積極參與公會的運作與建立，因為公會才是改變大環境、讓同業共同向上提升的關鍵因素。

▶ 為了房仲業改革，公會組團出國考察先進國家的作法。後排左四為孫慶餘，後排右五為王應傑。

鄭曦回憶，在《不動產經紀業管理條例》通過之前，因為全聯會沒有財源，會務的運作常常仰賴孫慶餘相挺。公會發不出薪水，鄭曦跟孫慶餘開口，借了一百萬才解決燃眉之急。要辦活動人手不夠，也是跟孫慶餘求救，由永慶房屋派人手支援。

當時法令的框架打算考慮參考美、日，所以公會組團出國考察，每次都揹回來好幾大箱原文資料。這些龐雜的文獻資料內容五花八門，包含收費制度、履約保證制度、產權保險制度、執照等等，後續的翻譯整理工作，鄭曦也是請孫慶餘幫忙。例如，永慶房屋就將日本的《宅第建物取引條例》翻譯成中文，提供給政府參考。

「我請他來幫忙，他一句話沒有第二句話，馬上交代，」鄭曦在過去的採訪中，看得出十分感念當年孫慶餘的支持。

當法制化的「全勤生」

在推動法制化的過程中，永慶房屋也可說是「全勤生」。

莊孟翰回憶，當時消基會制定不動產買賣契約版本，主要是想將國外行之有年的制度，例如ESCROW付款中間人與教育訓練等，做本土化的藍本，每次開會都會邀請業者參與。不同業者未必每次都出席，但他發現永慶房屋都會出席討論，是參與最積極的業者。

「而且當時我一些較嚴格且被業界反對的主張，永慶房屋也都贊

▶ 每次考察帶回來的大量外文資料，都由永慶翻譯成中文提供給公會。

成且認為有必要，因為一旦個別契約訴訟無法辯解時，標準契約就是很好的依據，亦即契約訂得愈詳細購屋權益就愈有保障，」莊孟翰說。

政府觀念改變，化被動為積極

地政法案推動牛步的狀況，在 1995 年張元旭上任地政司司長後，也開始出現轉變，孫慶餘也成為張元旭在業界的後盾。

學習地政（政大地政碩士）出身的張元旭，長期兼課教地政法規，不僅對地政業務嫻熟，也懷抱著土地改革的理念。雖然知道公部門中有些前輩因為怕被人貼上「官商勾結」的標籤，忌諱和業者接觸，但他開玩笑地用「好大喜功」來形容

年輕時的自己，認為佔著位置卻不做事，就辜負了國家的期待。

「我就任地政司長時很年輕，才 45 歲，體力足、反應也夠；而且站在政府立場，只要是社會問題，當然就要想辦法解決，所以對於地政法案的推動，我很積極，」已經退休的張元旭，談起當初接任地政司司長，語氣中仍充滿著使命感。

推動過程困難重重，連法案名稱都要吵

儘管政府態度已經轉為積極，業界也有改革派支持，但反改革派力量仍不容小覷，過程充滿挑戰。光從一開始，要把銷售預售屋的代銷業與中古屋的仲介業放在同一個

法律中，就遭到業者反對。

鄭曦記得，當時最早的草案名稱是《房地產仲介業管理條例》，但代銷業有意見，因此地政司召開協調會聽各方意見。代銷公會帶了一百多人去，但仲介業僅有時任台北市公會理事長、也是前力霸房屋總經理方瑞生與鄭曦出席。於是他們趕緊打電話找其他人過來，臨時通知下，只有孫慶餘與台灣房屋首席總經理彭培業趕過來。最後，代銷業者才願意妥協，接受仲介業提出將草案名稱中的「房地產」改成範圍更廣的「不動產」的建議。

光只是法案名稱，就可以吵成這樣，更可以想像內容的實質討論會有多複雜。在推進過程中，幾乎每場會議都親自主持的張元旭，更是親身體驗到折衷協調的困難，要綜合各界不同的聲音，其實非常辛苦。

張元旭說，當時有些業者對法案的內容表面支持，因為他們知道若不表態支持，在道理上說不通，對外形象也不好，但卻透過游說民意代表的手段，在暗地裡反對。

「任何一個法案都有產、官、學三方角色，學者意見多又理想化；而業者有些為反對而反對、有的希望把標準拉低，作為主管機關的我，責任就是要把二者拉到一個可行的角度。」張元旭說。

吃了三百多個便當催生法規

在看似無止盡的協調過程中，張元旭發現業者代表中有一人，也

跟他一樣，幾乎每場會議都到場，那就是孫慶餘。

「我那時候就覺得，哇，永慶房屋的老闆竟然會親自參加。孫董在法案推動過程中，最重要的作用就是代表著業界的良心，因為有他這樣主動要求提高水準的業者，所以其他業者也不至於寸土不讓，」張元旭說。

審案期間，為了在學者與業者間協調出三方都可接受的結果，利用上午與下午都要處理公事之外的午休，一起開便當會議，可說是當時的常態。

「當時，積極參加的立委趙永清就常掛在嘴邊得意的說，自己為了這個法案吃了多少個便當。」張元旭說。而孫慶餘董事長在立法推動的十年來更是從頭到尾參加，個人至少吃了三百多個便當！

人必歸業，業必歸會

在歷經數年的折衝協調下，《不動產經紀業管理條例》草案總算在 1999 年 1 月 15 日凌晨完成三讀程序，並在三年的過渡期後，正式於 2002 年 2 月 4 日實施。

該條例的重點，規範了從業人員與公司，「人必歸業，業必歸會」成為最高指導原則。一方面，仲介人員必須取得不動產經紀人執照；另一方面，業者必須加入公會，且得提撥「營業保證金」以保障消費者權益。（圖二）

「我們終於有了自己的管理條例，仲介經紀人需要經過國家考試

圖二、《不動產經紀業管理條例》的重點圖示

人必歸業

從事不動產買賣的「人」一定
要進入仲介公司或行號。

第 13 條

中華民國國民經不動產經紀人考試及格並依
本條例領有不動產經紀人證書者，得充不動
產經紀人。

第 32 條

非經紀業而經營仲介或代銷業務者，主管機
關應禁止其營業，並處公司負責人、商號負
責人或行為人新台幣十萬元以上三十萬元以
下罰鍰。

業必歸會

從事不動產買賣的「公司」一
定要依法繳納保證金，也一定
要加入地方公會。

第 5 條

經營經紀業者，應向主管機關申請許可後，
依法辦理公司或商業登記；其經營國外不動
產仲介或代銷業務者，應以公司型態組織依
法辦理登記為限。

第 7 條

經紀業經主管機關之許可，辦妥公司登記或
商業登記，並加入登記所在地之同業公會後
方得營業。……第一項經紀業於辦妥公司登
記或商業登記後，應依中央主管機關規定繳
存營業保證金。經紀業應繳存之營業保證
金，超過一定金額者，得就超過部分以金融
機構提供保證函擔保之。

▶ 孫慶餘（右1）因協助推動《不動產經紀業管理條例》立法、主動提供成交資訊，讓實價登錄政策順利實施、推動新式仲介、法制仲介到科技仲介，引領產業進步，於2014年，成為台灣第一位獲得地政貢獻獎的房仲業者。同年花敬群（右2）也因提供實價登錄制度修法建議、長期關注國內不動產制度議題，對不動產稅制改革、住宅政策、都市更新、房市管理政策、不動產租賃市場發展與管理制度等提出建言，榮獲地政貢獻獎。

的審核、納入公司管理，公司必須繳納保證金，而且公司一定要加入公會，整個產業總算有了規矩與秩序，」鄭曦欣慰地表示。

不亞於美日的管理條例

若沒有這本規範產業的法令寶典，房仲業至今還是一片混沌。整個仲介業也因《不動產經紀業管理條例》的實施，依法可管可罰，使消費者放心，市場接受度由個位數百分比飆升到80~90%。

「其實現在嚴格來講，我們的《不動產經紀業管理條例》比美國、日本都還要先進，」鄭曦說。

孫慶餘擔任全聯會的法規會召集人，扮演推手可謂不遺餘力，個人也因此在2014年獲頒「中華民國第十九屆地政貢獻獎」，是台灣房仲業者獲此殊榮的第一人。得獎原因之一，正是「擔任全國房仲公會常務理事，兼法規會召集人，引進美日法令與經驗，協助推動《不動產經紀業管理條例》立法。」

「在立法過程當中，我清楚記得永慶房屋是支持的，這也是我佩服孫董的地方，即使在這行業得到成功後，仍充滿理想，很多企業家得到成功之後就安於現狀或志得意滿，」張元旭說。

資格考試與營業保障金，成為主要爭執點

不過即使在條例通過之後，法制化仍非一帆風順，仍有業者對資格考試與營業保證金的作法

反彈。

在資格考試上，早期台北市同業公會曾自訂不動產經紀營業員考試規章，可說是現行考照制度的前身，全聯會也於 1995 年自辦第一屆房仲專員證照考試，是台灣房仲史上重要的里程碑。但這些都不是國家主辦的考試，因此在條例通過後要辦證照考試，難免讓原先的仲介擔心考不上而反對，甚至在法令通過前，就有業者在內政部集結丟雞蛋要張元旭下台。

「所以當時我們訂下落日條款，立法前已執業三年以上的業者，讓其繼續營業；三年以下的業者則由政府輔導再經過考試。」王應傑回憶道，所以透過推出過渡期與特種考試，一方面讓緩衝對既有業者的衝擊，一方面也藉此「去蕪存菁」，提升仲介經紀人的素質。

「後來很多人考到執照，後來反而都跟我成為好朋友了，」張元旭回憶。

營業保證金，一石激起千層浪

至於營業保證金，在當時更是一石激起千層浪。不動產交易價金動輒上幾百萬千萬，如果業者落跑，消費者將求償無門，所以仿國外的制度引入營保基金機制，沒想到招致大量業者反彈。鄭曦就曾接到業者的電話，用台語嗆聲「保證金，乎哩去買棺材。」他也不甘示弱地回應「可以啊，買兩只，你一只我一只，這樣你有爽嗎？」

立法通過之後，業者還集結要內政部緩執行，甚至於 2001 年召開協調會期間走上街頭抗議。但交保證金勢在必行，額度便成為各方爭論的焦點。

原先政府規劃每間營業所繳存 100 萬元，但業者主張房仲公司資本額並不高，協調後降到 25 萬。然而，仍有部分反改革派業者希望降到 5 萬並分期付款，因而跟時任內政部長張博雅陳情。張博雅說要找地政司討論分期付款，但反改革派業者竟發公文指稱她已同意，搞得雞飛狗跳。

從 25 萬降到 100 元，讓學者跳腳

張元旭又召開了幾次會議，反改革派業者仍堅持「5 萬並分期付款」，甚至有人提出「100 元」保證金的意見，讓與會專家學者跳腳，直言「這個會開不下去」，還表示應該回到 100 萬的原案。各方僵持不下，張元旭請代表公會的鄭曦發言，才穩住了 25 萬的方案。

「我說，全聯會確實有開過會，以目前的狀況與大家的需求，我想是不是維持原案，我這一句話一講，所有與會的學者專家說，鄭秘書長說的話我們同意，所以維持 25 萬，」當時各方的勢力較勁，鄭曦印象深刻。

「明明是仲介公會的發起成員，立法過程也都有參與討論，結果最後，信義房屋在截止日前，還是把保證金交到代銷公會全聯會……，」每每說到這段歷史，鄭

曦都感到忿忿不平。

　　最後營業保證金的規定是，經紀業設置營業處所在五處以下者，每一營業處所繳存 25 萬，逾五處營業處所者，每增加一營業處所，增繳新台幣 10 萬元。每一營業處所所置經紀人人數逾 5 人者，每增加一人，增繳新台幣 3 萬元。也因為這樣的進入門檻，讓仲介業不再是「阿貓阿狗」都可以做的行業，讓消費者更有保障。

資訊公開未通過，革命尚未成功

　　從 1990 年法制化出師不利算起，到 1999 年《不動產經紀業管理條例》通過，幾乎花了 10 年時間才完成法制化「1.0」版，資格考試、營業保證金等在折衷之下總算有了結果。

　　然而，成交資訊公開這件攸關交易透明化的規範，卻在這次的立法二讀中鎩羽而歸，又要等將近十年，實價登錄 1.0 等到 2012 年才付諸實現。

　　「革命尚未成功，但先求有，再求好吧，」孫慶餘感嘆地說。

　　雖然未能畢其功於一役，但總是讓市場朝向正確的方向發展。回顧這段歷程，孫慶餘對於張元旭的付出與努力，特別有所肯定。身為政府官員，張元旭不僅得面對不同的意見，還得秉持理念初衷在一片喧囂中為台灣的房地市場找到在當時最適切的解決方案，沒有勇氣與堅持很難辦得到，可說台灣房仲市場法制化的第一步，

張元旭是背後的主要推手。

「這樣的歷史定位，我們應該是要給予他肯定的，」孫慶餘說。

已經退休多年的張元旭則雲淡風清地說，法律只是基本，理想中還是希望業者自發地提出更好的服務，超越法律基本的要求。

「變成業者醞釀出很多制度，然後回過頭來希望這個制度未來變成大家共同的標準，那我們的法律標準就越來越高，哪一天我們中華民國的法律是高於世界各地，這就代表我們是強國，」張元旭仍有這樣的期許。

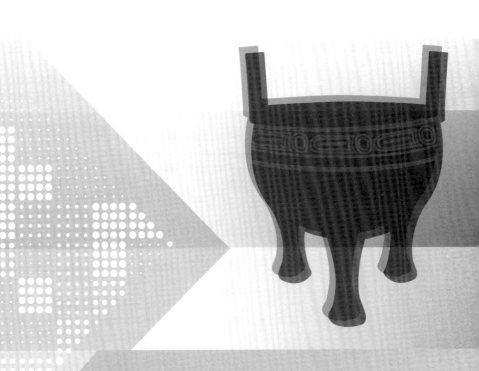

第四章

撥開烏雲未見藍天
政府打炒房的由來

2021 年初，前三立新聞主播姜怡如，面臨了一個難題：她媽媽的房子，賣了快一年還沒賣出去，但是新冠病毒疫情卻洶洶來襲！

快一年前，她替媽媽處理房子，先是找認識的房屋仲介幫忙，後來又有其他仲介業者主動找上門，但買方的出價都讓她不滿意。

忽然間，新冠病毒疫情來得又急又兇，房地產市場會不會受到影響呢？業者提醒她，2003 年 SARS 那波讓房地產大跌，建議她

◀ 面對新冠疫情來襲，許多賣家都因為擔心房價受到衝擊，反而在交易過程中容易遭到欺騙。

降價出售。她心裡難免不安,但父母的心血也不能賤賣,因此陷入難題。

小年夜前兩天,她剛好經過台北信義區的永慶房屋的世貿松仁直營店,心中忽然有個想法:這麼多家都沒賣成功,為何不試試永慶房屋?於是,她「鼓起勇氣」走進去,沒想到竟然在不到兩週的時間內,房子就順利成交了!

最難搞的時刻找上永慶房屋,房子兩週就賣掉

「我一年後找上永慶房屋,是最難搞的時機。可是我沒料到,不到兩個禮拜就成交了。這讓我真的很開心,對父母有交代,又解決了問題,」姜怡如說。

為何說「鼓起勇氣」?因為此前有多間房仲業者幫忙賣房,每家找到的買方、開的價格各有不同;唯一相同的是,價格都沒有達到她的預期,而且全都異口同聲提醒她「千萬不要給永慶房屋賣」。

他們的說法是,永慶房屋會用惡質的方式想辦法成交,例如把幹旋買賣雙方,關在不同的小房間內談判長達七、八個小時,用疲勞轟炸的方式讓雙方累到失去正確的判斷力後,就簽字成交。

姜怡如一開始聽了覺得半信半疑,但畢竟「三人成虎」,加上已有委託的房仲業者,也就沒特別想去找永慶房屋。然而,多家業者賣了快一年都沒成功,加上記者的訓練養成,讓她覺得或許

▲ 永慶房屋的經紀人誠懇的態度深獲消費者的信賴。

自己該親自去查證一下。

「我只是散步經過松仁直營店，不是說有誰介紹，就直接走進去，也覺得接待我的仲介很誠懇，就決定也給他們賣，」姜怡如說。

自己的房子，價格卻是房仲說了算？

沒想到，永慶房屋不僅透過內部的聯賣制度（參見第七章），在很短時間內就找適合的買家，斡旋過程中雖然雙方的確分處兩

室，但不過兩小時左右就成交，談成的價格也令她滿意，甚至比起其他仲介提議過的價格，價差最多竟達 368 萬。以最後 1,668 萬的成交價來看，差了 22%，這個價差幅度比例決非可忽視的小數目。

在這過程中，姜怡如發現了台灣房仲市場存在著一個奇怪現象——這是一個資訊完全封閉的市場。雖說政府早在 2012 年就實施「實價登錄 1.0」，但房仲提供的資訊卻仍讓她感到困惑，總是覺得不太符合市場行情。尤其最後發現不同房仲的價差，竟然可以如此高，更讓她覺得是否這中間「有什麼貓膩」？

「我的房子的買進價、也就是成本我知道，但是要賣出去的價錢，好像是仲介喊了說了算？」第一次買賣房屋的姜怡如說。在這當中，也許存在其他仲介想跟投機客合作，先壓低價格賣給投機客，再用高價轉售出去來賺差價的可能？只有永慶誠實提供完整成交行情資訊，讓買賣方都滿意，「買方是一對帶著小孩的夫妻，還特別在成交後謝謝我將房子賣給他們。」

她心中的疑惑，其實正是大多數消費者在買賣房屋時所面臨同樣的疑問。到底市場行情是多少？判斷的標準在哪裡？參考的數字是什麼？到底怎樣的價格才不會是被不肖仲介聯手投機客「低買高賣」？

資訊不夠透明，黑心仲介有機會上下其手

房仲專家房孝如，前信義房屋副總經理兼文化基金會執行長，在 2016 年出版的著作《多少錢才合理——百萬筆房屋交易的教訓》中指出，成交價格的決定有兩種方式，一是依賴數據，一是依賴人。當市場資訊夠透明時，買賣雙方比較能用客觀數據來做出決策，成交價往往比較可靠，比較有一致性。但當資訊不夠透明時，就只能依賴中間人來「喬」價錢，但這樣一來就很容易出現價格混亂的狀況，讓買賣雙方無從判斷，

▲ 交易的過程，永慶房屋的經紀人都會提供最完整確實的資訊。

也讓黑心的仲介有機會上下其手。

房孝如在書中直指台灣房仲市場的問題:「房屋交易太偏重人為的操作,而全無數據的支撐,對台灣最大的傷害,就是交易逐漸變質為騙局。台灣的房地產業者,不論是代銷或房仲,經過三、四十年的發展,累積出的不是如何向消費者交代價格的合理性,而是在每一次接觸中,如何佈局、請君入甕的能力,當然也就不足為奇。」

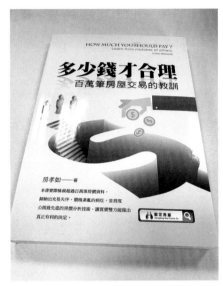

▲ 前信義房屋副總經理兼文化基金會執行長房孝如在他的著作中揭露信義房屋等業者的不肖作為。

所以為了讓消費者了解市場行情,不被黑心仲介坑殺,所以有了「實價登錄」政策的出檯,在實價登錄 1.0 版,乃是以 30 個門牌號為一個區間來揭露資訊,而 2.0 則是揭露到單一門牌號碼的成交價格。此外,1.0 並沒有納入預售屋紅單轉讓的規定,2.0 還進一步把最容易炒作房地產的預售屋納入,希望藉此杜絕市場炒作惡習。

「這可說是 2.5 版了,政府打炒房是玩真的。」內政部政務次長花敬群說。

其實，房價的高漲絕不只是單純的市場經濟問題，正常因素如經濟發展、物價通膨等造成的房地產價格上升無可厚非，但人為炒作造成的房價「瘋漲」，則是違反了「地盡其利、地利共享」的原則，造成年輕人不買房、不結婚、不生子，可說根本是國安問題！所以打擊炒房，絕對是政府無可迴避的責任。

原本早在 1997 年的《房地產仲介業管理條例》草案中，就有實價登錄的法條內容，可惜在立法院二讀時，因為大多業者的反對而被刪除。

實際上是不肖業者仍打著利用「資訊不對等」賺取暴利的算盤。實價登錄法被刪除，讓時任地政司司長張元旭感到十分無奈。

實價登錄能否落實，關鍵在業者的良心

「法律是最基本的要求，整體產業環境的提升，其實是需要業者的自覺，醞釀更高的服務標準，然後回過頭來要求法律跟上，沒有業者支持的力量，法案自然推不動。」張元旭表示實價登錄在台灣能否落實，關鍵在於業者的良心。

不過，在當時的時空環境下，也只能先求有（不動產仲介業管理條例）、再求好（實價登錄）。第一波房仲業法制化至少把市場基本秩序架構清楚，先做到規範

經紀人的「人必歸業」，以及規範公司的「業必歸會」，而關於資訊透明的「實價登錄」，又要等到十多年後才有辦法再度推動。（參見第三章）

張元旭在退休之後曾被指派主管「財團法人國土規劃暨不動產資訊中心」（已於 2019 年與「財團法人台灣地理資訊中心」合併），主要任務就是推動交易資訊的透明化。這個任重而道遠的任務，正需要「業者支持的力量」。

這時，站出來的又是老戰友──孫慶餘。

「國土中心承辦過『台北市不動產資料庫』的系統，沒有立法強迫業者提供交易資訊，但歡迎業者自動提供資訊，當時永慶房屋

是最勇於提供資訊的業者。」張元旭說。

投機客資料庫，比實價登錄還超前部署

為何不良業者不願意房價資訊透明？為什麼永慶房屋敢？因為永慶相信越透明、消費者越安心、越信任，越容易達成交易。原因就在於他們早就超前部署，採取高道德標準的自我要求。在《不動產仲介經紀業管理條例》於 1999 年通過前，就於 1998 年自主建立「投機客資料庫」，拒絕跟短期頻繁交易的投機客合作買賣，不做炒高房價的主謀、共犯或幫兇，「其實投機客若沒有不肖仲介的情報配合，根本無從投機倒把，

他們與有品牌的房仲業者結合成共犯結構，消費者才會誤信虛假的估價而上當。」孫慶餘表示。

在永慶房屋的客戶管理系統上，只要輸入客戶電話就可以進入查詢到該名客戶的過往成交紀錄，只要是一年內短期且頻繁交易的人，就會被列為拒絕往來的投機客。例如，某個客戶的檔案上，顯示出從 2004 年到 2008 年，總共成交了八筆，最高成交金額甚至高達 2 億 7 千萬。這麼大咖的客戶，資料庫裡面卻註明了兩個字：「拒往」。

「對別的房仲來說這一定是大客戶，但在我們眼中就是拒往，上億元的生意也往外推，」永慶房屋總經理吳良治說。

一開始投機客還不知道永慶房屋的做法，有些甚至直接表明自己是想合作的投機客，但都會在永慶房屋碰上軟釘子。孫慶餘記得有一回走在信義路上，有不認識的人趨前跟他說話，抱怨永慶房屋的業務都不幫忙。結果他回去一查，果然就是在資料庫中的投機客，「永慶房屋並不反對長期持有的投資客，但是做投機客眼線，用手段壓低價格買進；再抬高價格賣出得利，賺二次服務費，甚至自己也下海當起投機客，我們絕不允許。」孫慶餘說。

拒絕投機客生意，將百億元營收往外推

事實上，雖然永慶房屋已經

這麼做了 21 年，但也直到 2019 年才正式對外公開這個做法，就是希望讓外界更加了解他們拒絕投機炒作，不光只是口頭說說而已。

這個資料庫中迄今已經列管 7,000 多筆名單。根據永慶房屋的統計，每月至少拒絕 70 件到 80 件服務案件，以雙北市每戶平均成交約 1,800 萬元計算，每年拒絕的營收多達六億元，累積至今已拒絕超過百億元。

「我們非常自律，拒絕與投機客合作。攤開我們經手的交易資料庫，消費者絕不會發現在同一門牌號碼下有短期頻繁交易的紀錄，所以我們清清白白不怕人看，」葉凌棋自信地表示。

此外，早在 1998 年，永慶房屋就明文規範員工及其二等親內，購售屋必須通報，且兩年內不可轉售；主管更延長至三年內不得轉售，以高道德標準自我要求，絕對不能因為掌握房價資訊，而「球員兼裁判」傷害消費者權益。

永慶房屋在 2007 年資訊化取得成果之後，更毅然推動「全面公開成交行情」查詢的「超級宅速配」系統，民眾上網就能免費查詢永慶房屋成交不動產的行情，之後更主動提供成交資訊給政府。

因為有永慶房屋這樣積極響應的業者，終於在 2012 年促成被稱為「實價登錄二法」的《平均地權條例》、《地政士法》、《不動產仲介經紀業管理條例》修正案三讀通過實施，不動產「實價登錄 1.0」終

於確定，台灣在實現「居住正義」的道路上終於達成了一個里程碑。

剩下最後一哩路，美中不足的「實價登錄 1.0」

整體而言，「實價登錄 1.0」的確提升了台灣房市資訊的透明度。根據英國房地產服務和投資管理公司仲量聯行（JLL）所發布的「全球不動產透明度指數」（Global Real Estate Transparency Index）中，台灣從 2010 年排名 33 名，進步到 2018 年的第 26 名，透明指數也從「半透明」類組進步到了「透明」類組，全球排名優於韓國、馬來西亞、中國大陸等地。

但是，「實價登錄 1.0」卻因沒能走完「最後一哩路」，飽受國內地政學者專家的詬病。

原因在於「實價登錄 1.0」以 30 個門牌號碼為區間（一開始還是 50 個，後來才縮小為 30 個），這種「區段化、去識別化」的呈現方式，讓消費者只能看出「建物門牌號碼區間值」，卻無法看清楚單一門牌真實的成交價格。當真是走到「最後一哩路」，卻仍看不清前面目標。

「一棟大樓門牌號碼常常只有兩號，你知道門牌號碼 30 號含蓋範圍有多廣嗎？即使在同一個社區、同一棟大樓中，不同的樓層、面向、座向、景觀……失之毫釐，房價就可能差之千里，」葉淩棋認為「實價登錄 1.0」所提供的資訊，並不能讓買賣雙方真正掌握市場行情。

黑心仲介如何利用這樣的「資訊模糊」，從中上下其手？舉例來說，因為「實價登錄 1.0」不是以單一門號為單位，黑心仲介可以拿鄰近較低的實價登錄價給賣家看，讓合作的投機客用低價買下，稍微整修之後再出售。這時，仲介再拿附近地區實價登錄價格比較高的給買家看，用高價賣出。

「實價登錄」變成「實價虛錄」

不肖房仲業者就是這樣與投機客聯手，賺取不正當暴利。這跟早期「低買高賣」賺價差模式完全一樣，只是現在還多了實價登錄的價格「佐證」，讓「實價登錄」變成「實價虛錄」。

「有些老人家或沒有購屋經驗的人不懂，就是信任仲介，加上實價登錄 1.0 不是那麼精確，投機客低價買進再重新裝潢，買家也未必看得出裝潢好不好，很容易就被騙，」吳良治說。

參考歐美國家的做法，更能看出問題所在。在英國，只要上網登錄 Rightmove 的網站，每一個建物的成交總價、日期、類型、產權、隔間，全都一目瞭然。在美國也是如此，登錄上 Zillow 網站，不但有不亞於 Rightmove 的完整資訊，甚至還有未來房價可能的漲跌分析。試問在這樣的環境下，如何會產生消費者被不肖仲介與投機客聯手「低買高賣」的爭議？

即便有了「實價登錄 1.0」，資訊不透明的問題仍舊存在，仍有業

者大打「混水摸魚」戰。房孝如在《多少錢才合理——百萬筆房屋交易的教訓》書中，就舉證了信義房屋利用媒體釋放不實訊息。

其中之一是根據2014年底《經濟日報》一篇新聞裡提到台北市文山區「台北日內瓦」社區每坪50～55萬元，「臻園」則是每坪55～60萬元，而這些價格均由信義房屋向媒體發布。但經房孝如在內政部實價登錄網站逐一核對，才赫然發現價格都被灌水了。以「台北日內瓦」為例，根據實價登錄網站的紀錄，在2012年8月到2014年12月的成交價格，都介於每坪34~43萬之間，遠比信義房屋公布的低了許多。

「台灣的房地產業者，長久以來，都有利用資訊不透明。以謊話來影響市場交易的惡習。透過虛偽不實、引人錯誤的訊息，讓大家對市場產生困惑，然後再加強不實訊息的力道，終至謊話成真，市場價格不再是由供需決定，而是由業者謊話的密度及強度所決定。」房孝如在書中如此感嘆。

雖然有瑕疵，但「實價登錄1.0」實施以來，已然成為民眾購屋時重要的參考指標。花敬群在2020年12月中指出，「實價登錄1.0」上路八年多來，買賣、租賃、預售屋等申報登錄案件可供查詢資料已有306萬2千多件，網站累積查詢人數已達1億6千4百萬人次，呼應民眾想要了解不動產交易價格的需求。

「實價登錄 1.0」倒退到「實價登錄 0.5」

不論制度本身的缺陷、不實登錄、或業者的扭曲資訊，都凸顯出「實價登錄 1.0」的「升級」必要性。黑心業者炒房炒得太過分，系統性地坑殺消費者，所引發的民怨，讓政府知道必得加大整頓市場的力道。

2014 年 8 月開始的「巢運」，就反映了這股民意。延續 25 年前的無殼蝸牛運動，「巢運」針對高漲不下的房價，提出了「房地合一」實價課稅的主張。當時還在大學教書的花敬群，正是背後主要的推手，他深知房市不正常飆漲，關鍵問題是不肖房仲業者與投機客聯手炒作房價，炒得太嚴重。

在替於 2016 年 3 月出版的《多少錢才合理》寫的推薦序中，花敬群兩次提及房孝如所描述「房仲與投機客已聯手發展出一個層次分明、結構嚴謹的生態體系，消費者根本難以個別的力量從此生態系統中逃脫，」直指房市被不肖仲介業者與投機客不當炒作，是實現居住正義最大問題。因此，唯有透過政策手段，包括「實價登錄 2.0」與「房地合一」等做法，一方面讓資訊更加透明，一方面打到不肖業者與投機客的痛處，才有機會讓房市回歸正軌。

「房價資訊不透明所產生的『交易的教訓』，告訴我們價格資訊不對稱、價格資訊扭曲錯誤、價格資訊操作、價格資訊分析不足與價格資訊制度不當，使得市場陷入多元

圖一、歷年房價變化與重要事件

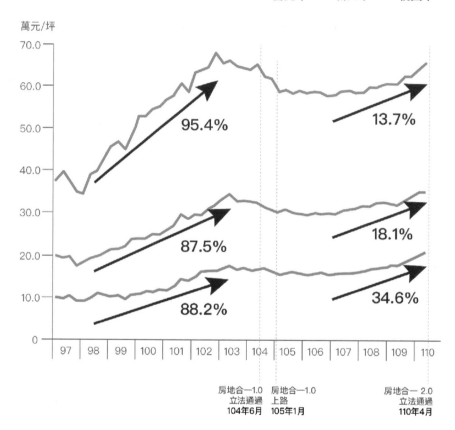

—— 台北市　—— 新北市　—— 桃園市

萬元/坪

95.4%

13.7%

87.5%

18.1%

88.2%

34.6%

房地合一1.0
立法通過
104年6月

房地合一1.0
上路
105年1月

房地合一 2.0
立法通過
110年4月

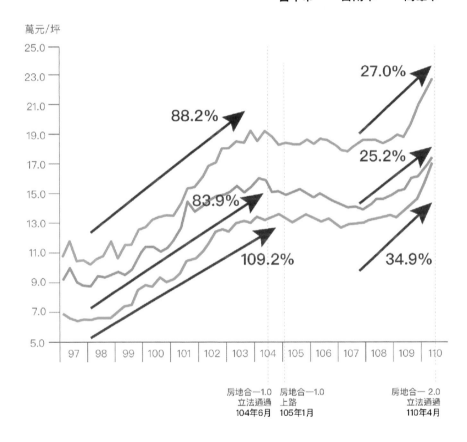

—— 台中市 —— 台南市 —— 高雄市

的不公平競爭，並引發各種透過市場交易與專業服務下的投機、欺瞞與剝奪。終究，市場內的行為存在著複雜的關聯，如果最源頭的價格資訊與最基本的交易服務制度都存在重大問題，衍生而來的必是無效率與不公平。」花敬群在推薦序中如此寫道。

總統蔡英文在 2016 年競選時，也提出了改革房市的「住宅三箭」：杜絕房市炒作、健全租屋體系、建 20 萬戶社宅，發表承諾將「建立實際交易價格登錄，讓交易資訊透明，進而推動非自用住宅實價課稅，進行稅制改革，讓稅制公平、讓房價合理。」

當時是蔡英文房地政策首席幕僚的花敬群，在蔡英文順利連任後，被延攬入閣擔任內政部政務次長，要將改革之箭射出。在花敬群的主導下，內政部著手研擬更健全的「實價登錄 2.0」版，並在 2018 年將政院版修法草案送入立法院排審。

但「實價登錄 2.0」的審議，卻遭遇非常強大的壓力，遭反改革聯盟阻撓，因為只要資訊透明，他們就無法再賺黑心錢。在這些業者的強力遊說下，政院版延宕一年仍未能通過，修法失敗。

反而是立委後來提出的修法版本在 2019 年通過，但僅是把實價登錄責任從「地政士」回歸到「買賣雙方」，最重要的「資訊揭露至門牌」與「預售屋即時登錄」並未通過，也因此被外界譏為從「實價登錄 1.0」倒退到「實價登錄 0.5」。

站在反對方的其他房仲業者，針對「實價登錄 2.0」中的「將成交資訊揭露至個別門牌」一事，表示房地產交易是買賣雙方兩廂情願，房仲業者只是賺取固定比例的服務費，根本不存在從中動手腳的理由，將成交行情提供給政府公開，是侵害了買賣雙方的隱私。

「這其實還是不肖業者想繼續利用資訊的不對等，跟投機客合作坑殺消費者的託辭，在資訊不透明的情況下，根本不存在真正的兩廂情願！」葉凌棋不滿地表示。

龍頭以身作則，自推實價登錄 3.0

但社會對「居住正義」的渴求已勢不可擋，民意絕大多數支持「實價登錄 2.0」。就在 2019 年政院版修法草案闖關失敗前一個月，永慶房屋進行過民調，有 78% 的消費者支持實價登錄完整揭露門牌地址，對房價透明有高度期待。

但花敬群明白交易透明已刻不容緩，「市場與制度被房價駕馭，房價資訊越容易被壟斷，市場交易就越出現不公平或剝奪，投資與套利行為越受到鼓舞。」

與過去法制化遭遇逆流一樣，此刻正需要「上進的業者」出來響應。

過去永慶房屋規模小的時候，就為建置合理的法制環境帶頭衝，如今已是台灣房仲業龍頭，更是積極參與。事實上，的確也有很多人期待永慶有所作為，例如消基會副董事長陳智義就希望永慶房屋能為

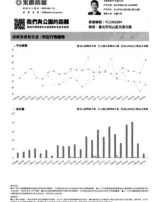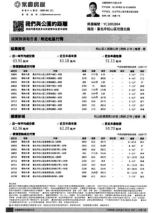

▲ 永慶房屋的誠實房價報告書。

首帶起「良心仲介」風潮，成為力促重新啟動「實價登錄 2.0」繼續修法的重要力量。

就在「實價登錄 1.0」倒退嚕一個月後，永慶房屋在 2019 年 8 月就自行推出「實價登錄 3.0」，把在永慶房屋所有物件成交的價格，揭露更新至個別門牌。同年 12 月更將資訊上線，讓買賣雙方皆可免費在官網和 APP 上查詢。

在「實價登錄 3.0」中，永慶房屋還會針對每位客戶需求，客製化一份「誠實房價報告書」，提供即時完整的成交行情資訊。內容包括三大部分：（一）除政府實價登錄資料外，永慶房屋成交的物件一旦完成交屋，立即更新並揭露至門牌地址；（二）提供區域、路段及社區

的行情趨勢分析；（三）提供鄰近社區近期最新成交行情，讓客戶全面且完整的掌握房價資訊。

姜怡如在跟永慶房屋接觸的過程中，對其資訊透明度感到印象深刻。她要出售的物件是二樓邊間，三面採光良好，其他仲介業者根據內政部實價登錄網站上的公開資訊，也提供她鄰近區域、類似物件成交的價格。但因為最細只能看到 xx 路 xx 巷，無法看到更多具體的資訊，因此參考度並不高。

「其他業者給我看到的價格都很低，他們有沒有說謊？沒有，的確是內政部網站上抓下來的訊息。但是同一個巷子，我看不到其他房子的屋況，也不知道是哪一間，沒有到單一門牌，這很不合理，」姜怡如說。

而她一到永慶房屋，經紀人就讓她直接在電腦上看到完整的資訊，連「xx 號之 xx 樓」直接到單一門牌的資訊都有，讓她得以清楚看到那一區的行情。一開始她還有些驚訝，因為沒想到同樣是實價登錄，不同業者呈現的資訊卻會有這麼大的差別。

「都是在政府同一的政策下，我想為什麼可以這樣做？我還問永慶房屋業務，這樣不會違反個資法嗎？他說『沒有，這是合法的，這揭露的是成交門牌，不會有買賣方的姓名，沒有所謂個資問題，每家房子賣多少錢都看得到，如果你房子在我們這裡成交，也是全國人都會看到成交價，』」姜怡如說。

▲ 永慶房屋 2019 年領先推出「實價登錄 3.0」由集團董事長孫慶餘帶領葉凌棋業務總經理、吳良治總經理及區域長官一同宣示保障消費者權益。

總部統一控管，揭露資訊一致

此外，因為資料庫由永慶房屋總部統一控管，各門市業務無法修改，不論是去哪家分店、問哪一個地區的行情，「誠實房價報告書」都會呈現同樣的資訊，減少業務刻意挑選資訊以誤導客戶被「低買高賣」的狀況。

「我敢跟你保證，找三個永慶房屋的業務拿誠實房價報告書，結果通通都一樣，因為系統設定就是這樣，這個門牌下去就是這 20 筆，誰也動不了，到哪個店都一樣，這樣就不會有問題。去找其他的房

仲，同一家公司不同業務，就會給不同的資訊，」吳良治說。

這或許能解釋為何其他業者都「勸告」姜怡如不要找永慶，因為只要委託永慶，消費者就會發現真相。永慶堅持不炒房、不隱瞞、不造假「三不政策」，只有永慶才完整透明揭露資訊，而當永慶提供透明行情資訊給消費者後，同業就賺不到黑心錢。

令人意外的是，從決心領先政府法規自行推動到整個系統上線，永慶房屋只花了不過短短四個月。這除了證明身為國內最大的房仲集團，永慶房屋擁有全台最充足的房屋成交資訊，以及建置最完善的資訊團隊外，也凸顯了永慶房屋高舉的「保障消費者權益」的確不是一句口號。畢竟，市場行情的模

糊，所能帶給房仲業者的利益如此巨大，若非集團上下都認同「先誠實再成交」是「對」的事情，絕無實現的可能。

「從董事長提議要做，經過領導團隊討論敲定，底下同仁其實都沒有太大的意見，立即就展開行動，」談起永慶房屋推動這件創舉，葉凌棋表現一派輕鬆。

實價登錄 3.0，連加盟店都要求導入

後來，連旗下的加盟業者都主動要求導入這個作法。這原先僅適用於永慶房屋雙北直營店，但旗下三個加盟品牌——永慶不動產、有巢氏房屋、台慶不動產——看到消費者的支持，還自己開會討論決

議，跟總部要求同步實施。結果，自 2020 年 6 月起，「實價登錄 3.0」服務在永慶集團旗下四大品牌 1,200 多店全面落實。

兩大誠實房價保證，先誠實再成交

2020 年 8 月，永慶房屋再度出招，首創「兩大誠實房價保證」：若有故意隱瞞成交行情資訊，以致賣方有低賣之情形，永慶房屋承諾退還已收賣方全額服務費；如銷售物件為一年內買賣取得，永慶房屋將提供屋主聲明取得之價格給買方參考，若未提供導致買方有買貴的情形，永慶房屋承諾補貼最高新台幣 3 百萬元價差給買方。

為了落實「先誠實再成交」的理念，保障消費者權益，永慶房屋還推出了兩支真實案例改編、從買方跟賣方角度來提醒消費者留意黑心仲介的廣告。

「退休老伯伯賣屋」的影片，描述一位老伯伯考量退休後的生活，打算賣房養老，卻慘遭黑心仲介聯手投機客坑殺，刻意拿附近較低的成交行情誤導他低價出售，接著再轉手高價賣出，短期內低買高賣從中賺差價。另一支「小夫妻買房」的廣告，描述一對夫妻辛苦存錢買房，卻遇上黑心仲介刻意隱瞞前屋主幾個月前才買的價格，讓這對夫妻在資訊不透明的情況下誤判行情，被引導出了高價買屋。

不只誠實更敢保證，引發同業反彈

　　根據真人真事改編的影片，直擊消費者的痛點，讓人超有感，也凸顯出「實價登錄2.0」的重要性。但是沒想到，永慶的這些做法卻遭到同業反彈，信義房屋透過全聯會要求永慶能將廣告影片下架。

照片截自網路

故意挑附近比較便宜的成交價來騙他

才短短4個月它就貴了5百萬耶

▶ 永慶房屋首創「兩大誠實房價保證」，但根據真人實事改編的廣告卻引發同業反彈。

這件事讓孫慶餘想起觀光漁港的例子。以前在台灣不時聽到漁港有些黑心商家，用偷斤減兩欺騙消費者，導致誠信盡失，所有商家都一起受傷。於是，漁港管理委員會跟商家約法三章，要求不能再欺騙消費者，還擺放公秤以示誠信，才讓生意慢慢回流。

「全聯會應該要像漁港一樣，推動誠實成交、如此房仲業才可以長久的發展，成交行情揭露到門牌這種做法才對，而不是打壓吹哨者逼著大家一起同流合汙，在此事件上全聯會有失立場。而且我們自己的政策跟廣告，其他人怎麼能來要求我們下架呢？」孫慶餘不免感嘆。

面對這樣的壓力，永慶仍堅守立場，保持初衷。行動勝於言語，良心仲介誰都會說，重點在於是否敢拿出「當責」的態度，永慶「不只誠實，更敢保證」的姿態，讓所有反對業者再無藉口。

「這是世界的潮流，當孫董打電話告訴我永慶自發推動，我說，謝謝董事長，我樂見其成，能夠把這樣的事情往前推，」花敬群接受好房網訪問時，肯定永慶一路堅持房地產資訊透明，杜絕不當的炒作，是穩定房價、實踐居住正義的重要關鍵。

房地合一稅 2.0，炒房殺手鐧

然正確的事勢不可擋，立法齒輪又再度轉動，「實價登錄 2.0」總算順利上路。除了「實價登錄 2.0」之外，打炒房另一支箭也在 7 月 1

日同步上路，那就是「房地合一稅2.0」。

　為了擴大打炒房力道，立法院在 2021 年 4 月 9 日三讀通過「房地合一稅 2.0」修法，並於 7 月 1 日上路。根據新規定，個人若持有房地兩年內出售，將課徵所得稅 45%，持有二至五年出售，將課徵 35%；境內法人售屋最高稅率將由 20% 提高爲 45%；此外，預售屋、特定股權交易也將一併納入課稅。

　跟「實價登錄」從 1.0 升級到 2.0 版一樣，「房地合一稅」也經歷類似的升級歷程。在 2016 年開徵的「房地合一稅 1.0」，跟 2.0 版的最大差別就在於閉鎖期。不但將「短期持有」的定義，由兩年延長爲五年，且取得房地之起算日，亦回溯自 2016 年。（圖二）

居住正義跟社會福利？

　堪稱是打炒房殺手鐧的「房地

圖二、房地合一稅 1.0 與 2.0 版的差別

持有期間	房地合一 1.0	房地合一 2.0	課稅差異
不滿一年	45%	45%	✕
1-2 年	35%	**45%**	增加 10%
2-5 年	20%	**35%**	增加 15%
5-10 年	20%	20%	✕

合一 2.0」一通過，房地產業界哀鴻遍野，認為政府打壓炒房手段錯誤。不動產大聯盟總會理事長、富旺國際董事長、也是前仲介全聯會理事長的林正雄，就是反對陣營中的主力。

但在永慶房屋看來，其他業者之所以反彈，其實正是踩到了投機做法的痛點，因為將閉鎖期延長再配以重稅，當可以遏止炒作歪風。事實上，根據永慶房屋在 2021 年第二季的網路會員調查，57% 消費者認為房地合一稅能有效抑制投機炒作，也有 73% 的受訪消費者，支持延長房地合一的短期持有定義。

因此，當全聯會要帶領其他業者去跟政府陳情，希望永慶房屋也能派代表參加時，孫慶餘卻給了個軟釘子，並不願意參與。

「全聯會要說業界有什麼意見的話，不能少了我們這個第一大品牌的背書。但這件事是對的，我們何必去抗議，」孫慶餘雲淡風輕地說。

先誠實再成交，做到市場第一名

事實上，「做對的事」讓永慶房產集團績效亮眼。根據永慶房產集團公布的資料，2020 年雖然疫情蔓延，但整個集團的年度總銷近 7000 億元，全年新展超過 150 店，總店數突破 1200 多，全台 19 縣市穩居店數市佔第一。

直營的永慶房屋績效也再創新高，2020 年業績較 2019 年成長三成，成交件數也成長兩成，成

交市佔更一舉衝 45%。2020 年總共替近一萬餘戶客戶圓滿成家，平均每天成交約 40 戶。此外，永慶房屋在 12 月更創下十年來「單月業績」最高紀錄，大安區年度總銷更突破 300 億元，平均一天成交三至四間房子，震撼業界。

「誰說一定要用黑心仲介的做法才能賺錢？我們先誠實再成交的新式仲介做法，一樣能做到市場第一名，好心是會有好報的，就是最好的例證。」孫慶餘說。

2020 年新冠肺炎全球蔓延，因疫情影響下，美國開始大量印鈔、台商也回流，炒房蠢蠢欲動，民怨高漲，政府即時精準出手打炒房。2021 年 7 月「實價登錄 2.0」、「房地合一稅 2.0」政策雙雙上路，台灣保障消費者買賣屋權益將獲得更完善的保障，可說 2021 是房地產業健全發展的關鍵年，也帶動台灣房地產業進入另一個階段。

不過，雖然「實價登錄 2.0」與「房地合一稅 2.0」上路，消費者就不會再被坑殺了嗎？這得看業者的良心與政府的規範。很不幸的是，「道高一尺、魔高一丈」黑心房仲與投機客，已經發展出新的暗黑手法，令人感到憂心。

例如，「房地合一 2.0」的重點在於針對短期內買賣房屋的所得課予重稅，目的是藉此打擊投機炒作。然而，卻有投機客想要透過墊高裝潢費的方式來規避被課稅的可能。例如，投機客一間房子以 1 千萬購入，兩年內又以 1 千 4 百萬賣出，但卻可能透過人頭公司，虛報 5 百萬的裝潢費，如此一來等於

買賣並未獲利，自然就無法被課到稅。因為有這樣的做法，房仲業者還是有機會繼續跟投機客合作，來坑殺消費者。

根據《工商時報》在 2021 年 5 月底的一篇報導，國稅局已經發現這樣的伎倆：「中區國稅局指出，國稅局在抽查短期房地交易案件時，近期又發現部分房仲業人員運用水電裝修、拉皮工程等大額發票做為成本費用抵減稅負，惟金額過高，明顯高出市場行情。經查核後，國稅局人員發現房仲業人員、工程行、裝潢公司串通，以假發票虛增房地裝修費抵稅。中區國稅局最後裁定連補帶罰，同時針對重大逃漏稅案件移送司法機關偵辦刑責，目前則針對類似案件重點查核，以打擊逃漏稅情況。」

也難怪即便法制規範力趨嚴格，市場資訊日益透明，孫慶餘仍舊認為「革命尚未成功，撥開烏雲仍未見藍天。」

這時，所有的命題又得回到「上進的業者」身上。對永慶來說，為消費者提供公平交易的環境，是從開張第一天就堅持的經營原則。當市場上仍有想方設法鑽漏洞的業者，消費者找正派經營、真正將資訊透明公開的業者，或許才是最佳的保障。🐈

第五章

擁抱科技仲介　產業大翻轉

用手機可追劇，用手機可購物。但是，用手機也可以買房？

別懷疑，下載永慶房屋的「永慶快搜」APP，就可以在上面輸入你感興趣的地段，看看當地有哪些待售物件。點入想查詢的物件，資訊一目瞭然，從單價、坪數、樓層、屋齡、車位、格局圖、建築結構等等，不一而足。當然，720度虛擬實境照片讓你可以實際看到屋子狀況，也是基本功能之一。

不過，更方便的還在後頭：你可以在線上直接跟永慶房屋的經紀人聯絡，透過即時視訊，由達人於線上實境解說。

◀ 在永慶的網站上，消費者能一目瞭然所有不動產物件的資訊。

經紀人可在螢幕上手寫註解、標示重點，消費者的螢幕上也會立即顯示經紀人標示的重點。例如你可以直接問經紀人主臥室的座向與採光、或是廚房冰箱空間的大小等等，甚至連附近的生活圈都可以看到，包括房子的外觀、巷子的樣子等等。這些資訊透過單向看720度虛擬實境照片，未必能立即了解，但透過經紀人的解說與互動討論，會讓資訊更清楚，真的是「看房無國界，解說零距離。」（圖一）

圖一、「實境 Live 賞屋」特色

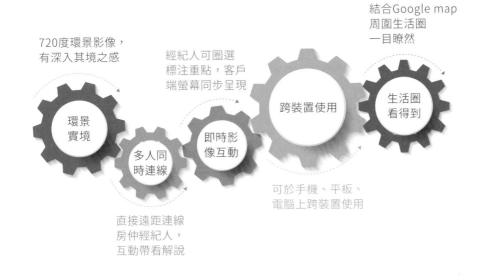

720度環景影像，有深入其境之感

經紀人可圈選標注重點，客戶端螢幕同步呈現

結合Google map周圍生活圈一目瞭然

環景實境

多人同時連線

即時影像互動

跨裝置使用

生活圈看得到

直接遠距連線房仲經紀人，互動帶看解說

可於手機、平板、電腦上跨裝置使用

◀ 將起家厝改建的創業的「i·智慧創新體
　驗館」，是全球第一個房仲服務體驗
　場域。

「先看到生活圈很重要，很多人只看到房子內觀就感興趣，真的去看房後才發現巷子太窄、附近環境太複雜等等，那就浪費時間了，」葉凌棋說。

全球第一個房仲服務體驗場域「i⁺智慧創新體驗館」

這是永慶房屋在 2018 年推出的「實境 Live 賞屋」服務，在新冠病毒肆虐的當下，更讓人覺得貼心實用。難道永慶房屋早就預知新冠病毒的疫情？當然不是，而是他們對於「科技仲介」的長期堅持，因為他們知道唯有與時俱進，提供給客戶最好的服務，才能站在產業的浪頭上。

「實境 Live 賞屋」服務是永慶房屋成立 30 週年給消費者與自己的禮物，不過其實是前一年推出的「MR 智能生活」服務的升級版。2017 年，永慶房屋斥資上億元，把當初信義路四段上創業的「起家厝」，打造成全球第一個房仲服務體驗場域「i⁺智慧創新體驗館」，讓民眾在買房前，可以利用 MR、VR 技術搶先掌握住屋周圍機能及購屋體驗，作為買賣房屋客戶最便利、精準的決策平台。

「i⁺智慧創新體驗館」由孫慶餘率領高階主管及員工組成專案小組，花了六年進行研究分析，並與「亞洲・矽谷」前 21 強團隊的 iStaging 聯手，推出了「MR 智能生活」服務。這個全球首創結合了 AR（擴增實境）與 VR（虛擬實境）的服務，讓消費者可以

透過 MR（混合實境）科技，不用出門也可以在家看房，開啟延伸實境找房、實境 Live 賞屋的「智能看屋時代」。

iStaging 執行長李鐘彬斷言，十年後，當每個房仲業都戴著智慧眼鏡和智慧手錶做服務的時候，將證實永慶房屋走進「智能看屋」是高瞻遠矚的決定，到時沒有及時跨越垂直領域整合的業者將會被淘汰。

「就像馬雲說的，你不是被旁邊的對手打敗的，是被一個莫名其妙的整合打敗。為什麼電商從來沒開過店，居然把實體店都打敗了，就是這個硬道理。」李鐘彬說。

第一家與中華電信合作使用 ADSL 寬頻的企業

這不是永慶房屋首度將科技導入仲介服務。

說起孫慶餘推動房屋仲介與資訊科技的連結之早，至少可以追溯到大台北不動產仲介聯盟時期。當時，他不只鼓吹加盟夥伴添購電腦設備，而且還要求他們利用數據機跟總部直接連線。

2000 年，千禧年降臨，揭示了網路時代的全面降臨。當時上網還不是那麼方便，剛從電話撥接上網演進到 ADSL 上網，上網費用也不便宜。不過，為了將每一家店面的資訊串聯起來，永慶成為全台第一家與中華電信合作使用 ADSL 的企業，當時單租用 T1 光纖的月費就耗費近百萬元。此時的永慶分店還不到 40 家，員

工甚至不達 500 人！

要讓恐龍動起來

　　這樣的投資還只是開始，因爲串聯的數據離不開資料庫的建置，所以孫慶餘又找來 IBM 做資料庫的建立和資源整合。當時對於這個要耗費公司一整年營收的決定，幾乎所有主管都投反對票。但孫慶餘獨排衆議，要求幹部跟上他 e 化的腳步。

　　只是實際操作下去，還眞是

▲ iStaging 執行長李鐘彬斷言，十年後永慶房屋在「智能看屋」的投入，將拉大與同業間的領先優勢。

一件大工程。當承包伺服器資料系統設計的工程師，第一眼看到永慶非常繁雜的資料庫時，當場楞在那裡，還問了一句話：「這麼複雜，系統這麼大，你們要做恐龍喔？」

「是呀！我們就是要讓這隻恐龍動起來！」孫慶餘的態度雖然幽默，但是語氣卻很堅決。

「永慶房仲網」開啟網路看屋時代

2002 年誕生的「永慶房仲網」，可說是永慶成為「科技房仲」先驅的重要里程碑。

當時正好是千禧年剛過完沒多久的網路泡沫化，許多「本夢比大於本益比」純網路公司從雲端跌到谷底，甚至倒閉消失。但永慶房屋 e 化的腳步並未因此延緩，反而顛覆了當時傳統仲介仍以實體宣傳單方式跟消費者溝通的做法，將所有銷售物件的詳細資訊全部放在網站上，開啟了「網路看屋時代」。

永慶房屋開始利用各種宣傳管道與消費者，溝通「買房子請先上網看房子」的觀念，深刻擊中一般消費者不敢貿然到仲介公司看房的痛點，可以先在家中上網尋找自己喜歡的物件。

2003 年，永慶房屋更是領先全球，首創影音看房的「影音宅速配」，從靜態的網頁，升級到影音介紹。2007 年，再度領先業界推出「拖曳式地圖物件搜尋」功能，「全

面公開成交行情」查詢之「超級宅速配」功能也問世，讓消費者能利用網路就能查到房屋相關的資訊。

全仲網破局，催生永慶成為全台最大房仲集團

不過，「永慶房仲網」的誕生，其實是個意外。法制化立法工作告一段落後，原本孫慶餘是想要替整個仲介產業建立一個像美國Realter.com一樣的產業萬里長城，對外可行銷物件，如台灣的Yahoo房地產、591、好房網…等行銷平台，對內就是一個全部同業共用的一個物件流通平台，像美國加州洛杉磯的經紀人可以賣佛羅里達州、邁阿密的房子，毫無任何障礙，這樣公會每年都會有大筆收入，各家業者公平聯賣，效率也會大大增加，對業者跟消費者來說都有利。在王應傑、孫慶餘的倡議下，由四大公會、八大業者共同籌備成立「全仲網」，有些單位甚至資金已到位，但最後卻因為信義房屋反對而破局。

不過，既然「全仲網」破局，永慶房屋乾脆將資源全部投注在自己的「永慶房仲網」，並在上面實現了永慶房產集團旗下各個品牌聯賣的願景。以永慶房產集團目前約四成的市佔率來看，其他網站平台就算能同業零星聯賣，威力也難比永慶房產集團一家。

同業用圖紙，永慶上雲端

某種程度來說，這對永慶房

屋來說未嘗不是因禍得福,因爲反而能專心發展自己的「永慶房仲網」。之所以能創造出如此強大的科技能量,部分原因正是來自於永慶房屋對資訊團隊的大手筆投資。

永慶房屋資訊處協理陳澤維表示,相較其他業者將網站建置外包,爲了讓每一個對客戶有價值的創意,能立刻變成線上的服務,永慶房屋選擇自建團隊。比起同業就算自建團隊最多也不到50人的規模,永慶房屋資訊加上

▲「影音宅速配」的發表問世,讓消費者能利用網路就能查到房屋相關的資訊。

網路部門，動輒超過 200 人（不含影音拍攝團隊），「永慶房仲網」自然與對手拉開差距。

以「影音宅速配」功能為例，他們就組建了 60 人的專業拍攝團隊，針對每個物件提供 30 秒鐘的實景影片，要讓消費者「買房子先上網看房子」，絲毫不受時間、空間、氣候的影響，甚至可以輕鬆地和分佈在世界各地的家人一起分享，看到滿意為止，在市場上引發好評。

「當同業還在用圖紙介紹物件時，我們早已衝上雲端；當同業也

◀ 從全聯會當年的會議紀錄與出席簽到，可以看出原本全仲網的設立乃是共識。

開始將物件拍照上網時，我們早就進入影音看房時代，」陳澤維說。

這樣的投資，立刻見效。

就在「影音宅速配」推出的那年，SARS 爆發，消費者足不出戶，功能超乎期待的「永慶房仲網」大受歡迎，也為永慶房屋從直營邁向加盟提供了助力。等到 SARS 過去，消費者對於上網看房已是習慣成自然，如今在台灣，不用網路管道找房的消費者，可說鳳毛麟角。

花一億元買 PDA 給經紀人

不僅利用網路介面提供多元資訊，便利消費者購屋參考，永慶房屋也提供仲介經紀人先進的科技設備，用數位力搶佔市場。

2002 年 5 月起，永慶房屋推出「一分鐘」系列廣告，正式向消費者宣告：在一分鐘之內，可以有 300 個經紀人員一起出動為你服務；一分鐘，可以和 2,000 個潛在買方接觸；一分鐘，可以看過 500 間房子。因為，這些經紀人幫消費者尋找房子時，手上拿的可是當時最新科技產品 PDA。

在 PDA 中，每天定期更新著永慶房屋所有的買賣雙方及物件資料，更驚人的是，裡面每一項的細節多達 42 項，從房子的座向、學區、總價，乃致於屋主的年齡、喜好，全部都一字不漏地記錄下來。只要買方或賣方一上門，這台 PDA 就能依據條件，在一分鐘內篩選出適合的房屋條件。

原本這項服務只是想應用在筆記型電腦上，但經過眾多經紀人的測試之後，他們發現，筆記型電腦雖然具有快速的運算能力以及容量，但是對整天騎著機車跑的經紀人來說，實在是太不方便。因此決定改採 PDA。雖然經紀人必須每天到公司連上主機更新，但是「輕薄短小」反而讓經紀人更容易提供即時且資訊完整的服務。

永慶房屋爲 300 多位經紀人配備人手一台的 PDA，32MB 的跑不動這麼大的資料庫，還非得購買 64MB 的不可，算一算，前台後台加上行銷，前前後後花了將近一億元的預算！

台灣第一批裝滿 iPad 貨櫃輪是給永慶

結果「PDA 一分鐘配好對」的強大功能，反而樹大招風引來同業妒忌，檢舉永慶廣告不實。但公平交易委員會到永慶房屋抽檢查核，當場直接錄音錄影測試，結果卻是全部過關，反而替永慶房屋做了最好的見證。

隨著科技產品的日新月異，永慶房屋經紀人手上的產品也不斷隨之更新。2010 年，更是與時俱進，更新換代行動裝置，推出業界唯一橫跨四大系統平台的「手機宅速配」，以及「iPad 行動服務平台」，讓行動看屋服務再升級。

「當年台灣第一批裝滿 iPad 的貨櫃輪，交貨對象不是別人，就

是我們永慶房屋,」葉凌棋笑著說。

從經紀人進階成「i 智慧經紀人」

累積 20 多年,整合完善的資料庫,加上行動裝置應用的成熟,讓永慶房屋的經紀人進階成「i 智慧經紀人」。過去經紀人時常要帶一大疊資料跑來跑去,但有了雲端資料庫和平板電腦,任何地方都是行動辦公室,可以即時提供顧客想要的訊息。

▶ PDA 甫一上市,永慶房屋就為每位經紀人配備人手一台,開啟行動經紀人時代。

隨著「買房子先上網看房子」觀念的普及，經紀人的思維也產生質變。過去大都著重每一次出動的成交率，現在則成為房產顧問，一條龍解決顧客的租、買、賣、估價等需求，注重的是建立客戶的長期關係，透過資訊科技，孫慶餘理想中擁有「顧客滿意、仲介楷模、開創發展、共享成長」特質的房仲公司逐漸成形。

「我所觀察到永慶房屋企業文化的蛻變，就是創新，而這特別表現在他們的資訊科技應用上面，」長期觀察永慶房屋發展的莊孟翰說。

2013 年，永慶房屋創辦 25 周年，在這一年集團總店數正式突破 1,000 家，在十年中成長 25 倍，從小品牌成為台灣房仲業的第一品牌。成功彎道超車的成功關鍵之一，正是科技創新的領先。葉凌棋說：「我們絕對是業界公認的第一。」

首家跨入 5G 延展實境看房技術

永慶房屋推動「科技仲介」的腳步從沒停歇。繼 2017 年推出全球首創的「MR 智能看房服務」後，永慶再度於 2020 年成為第一家跨入 5G 世代的房仲業者，跟 XRSPACE 合作，利用 5G 延展實境（XR）技術，帶領消費者在虛擬世界看屋，目標是以沉浸式看屋體驗帶給消費者深入其境的臨場體驗，幫助消費者提升找房體驗與效率。

▶ 如今消費者都已經養成
買房前先上網看房的消
費習慣。

　　由前宏達電執行長周永明創辦的 XRSPACE，集結台灣軟、硬體研發與設計團隊，並與 LINE 前董事暨總經理陶韻智合作，推出首創大眾用戶設計的新時代 VR 社交實境世界平台「XRSPACE MANOVA」。在與世界首款可支援 5G 的行動 VR 一體機裝置「XRSPACE MOVA」的結合下，消費者只要戴起「XRSPACE MOVA」，就能瞬間置身「XRSPACE MANOVA」建構的虛擬世界，其中的空間場域與物品不僅如真實存在般躍然眼前，更能與之互動，猶如身在同一個時空當中。

　　透過「5G XR 沉浸式實境賞屋」服務，顧客可以透過感受每個房間的空間感，和經紀人一起討

論屋況，甚至與家人一同坐在沙發上想像未來生活，短時間內就能走入多間房屋物件參觀、討論。沉浸式的 XR 延展實境的看屋體驗中，不僅會提升消費者找房的效率，也賦予消費者深入其境的臨場感、創造擬真場景。

「5G XR 應用將徹底改變未來世界，從休閒娛樂、教育學習到買屋賣屋都將跟以前不同，我們十分期待與 XRSPACE 一起提供消費者嶄新且符合後疫情生活新常態需求的 5G 沉浸式實境看屋服務，」葉凌棋說。

科技仲介反映出新式仲介精神

就像「永慶房仲網」在 SARS 期間，協助人們不出門就能上網看房一樣，在新冠疫情肆虐的時候，「5G XR 沉浸式實境賞屋」服務也滿足了零接觸看屋的消費者需求，更再度奠定永慶房屋在科技仲介上的領先地位。（圖二）

永慶房屋對「科技仲介」的堅持，反映出其落實「新式仲介」交易透明化的精神。為了讓成千上萬筆交易都能清楚對外揭露，不僅對內需要打造完整的資料庫，提供經紀人最有效率的工具，面對消費者的網站功能，也需要與時俱進，用最透明的方式揭露資訊，最真實的方式介紹房屋。

「資訊透明、共享就是網路的本質，所以在傳統仲介業者還在賺資訊不透明財時，永慶就敢於公開成交資訊，」台灣知名電子商

圖二、永慶房屋科技仲介演進軌跡

服務階段	內容	創新服務	消費者價值
資訊透明化	房屋資訊公開透明，消費者可自主透過網路搜尋物件資訊，降低資訊不對稱	永慶房屋房仲網、影音宅遠配、免費公開成交行情	資料公開、透明
訊息透明化	房仲經紀人透過多元行動載具，即時便利提供物件資料予客戶，提升服務效率	PDA 配好對、手機宅速配、i 智慧經紀人	即時、便利、多元載具
服務行動化	全通路服務，搭配 i 智慧經紀人的人工智慧與雲端系統科技智慧，達到精品配對	永慶快搜 APP、精準配對系統、顧問式服務	傾聽、探索、精準配對、顧問式服務
環境體驗化	結合 Google map 不只房屋本身，生活圈的便利與價值，讓客戶身歷其境體驗，掌握生活圈資訊，感受美好	永慶 MR 智能生活實境找房	世界就是你的螢幕，資訊隨手可得
賞屋互動化	提供多人異地同時線上實境看屋，且有專業經紀人提供線上帶看，問題一次溝通討論，決策要迅速	實境 Live 賞屋	看房無國界，解說零距離

永慶房屋 良心仲介

▶ 永慶房產集團業務總經理葉
凌棋（右3）參加 XRSPACE
全球發表會，宣布與周永明
（左3）合作開發 5G XR 沉
浸式遠距線上看屋服務。

務、資訊管理的專家、也是臺灣
科技大學資訊管理系教授的盧希
鵬斷言，在數位時代中，賺資訊
不透明財的職業都會被互聯網打
倒而消失。

科技狂熱份子，從後天看明天

永慶房屋能成為科技仲介的
先驅，孫慶餘的功勞不可抹滅。

「孫董其實是科技的狂熱分
子，我發現只要跟他談他沒接觸
過的科技，孫董就眼睛發亮，」盧
希鵬認為，從最開始孫慶餘就有

了現代互聯網的思惟。

長期觀察台灣網路發展的盧希鵬認爲，在瞬息變化的數位世界中，要看到未來並不容易，要投資怎樣的技術往往不是所有人都有共識。因此，成功的企業家，需要有即使大家質疑，也可以帶領企業走第二條曲線的勇氣。在他眼中，孫慶餘正具備了這樣的特質。

「看今天最好的角度不是明天而是後天，後天不是預測出來，是想像出來，」盧希鵬說。

這個「後天」，肯定會跟科技有更緊密的結合。

「十年後，看屋的流程可能完全不同於今日！現在的你，要特別請假撥出時間看屋，一口氣看五間房子，可能有四間不符合預期，甚至在第一眼、三分鐘以內，就知道自己不喜歡。透過 MR、XR 等技術，看屋不再需要這麼費力，」李鐘彬認爲永慶房屋對於新技術的投資，不是譁衆取寵，更不是口號，而是投資房仲產業的未來。🐈

▲ 在盧希鵬眼中，孫慶餘有著科技狂熱基因，具有看見「後天」的本事。

第六章

爲企業員工　打造幸福職場

上班第一件事，就是打開電腦玩遊戲。

天下有這樣的好康？別懷疑，這就是永慶房屋敦南遠企直營店業務協理郭俊輝的日常寫照。

每天上班一打開電腦登入個人帳號，在郭俊輝眼前就是當天要完成的「闖關遊戲」，每一關其實就是一個工作項目，將當天應該完成的工作變成一個闖關點，例如拜訪社區、打電話給某客戶、帶客戶看房等等。每個項目只要在時間內完成就會拿到點數。這些點數再轉換成「永者幣」，可以到「永者商城」換禮物，從超商禮券、美食餐卷、到掃地機器人、iPhone 等等，任君選擇。

「最近生了小孩，就把去年累積的 5 萬元換成家樂福禮券，要來換濕紙巾、尿布、嬰兒用品……。」在 2021 年 4 月中就又累積到 2 萬多元的郭俊輝說。

2015 年，市場反轉，房地產陷入冰河期，市場一片倒店潮。很多同業因應這種危機的策略是開源節流，要求員工開發更多的物件、帶看更多的客戶，工時越拉越長，然而孫慶餘卻以不同角度取捨「與其讓員工疲於奔命拉抬業績，倒不如改變工作型態，」孫慶餘認為「聰明工作，健康生活」才是對同仁最好的激勵。

於是孫慶餘提出永慶三箭計畫，以「聰明工作，健康生活」為宗旨，為所有永慶同仁打造幸福健康的職場環境。

▲ 過去房仲業總給人挑燈夜戰的高工時印象。

第一箭：工作遊戲化

這是永慶房屋針對業務經紀人推出以「永慶大聯盟」爲主題的「工作遊戲化」平台，以台灣國球——棒球爲基礎，結合年輕人最愛的線上遊戲、手遊等介面，每個人可以在線上爲自己的虛擬角色添購裝備，透過趣味的做法來完成工作，

人人都能靠自己的努力贏得「永者幣」，可以晉升等級，並換取實質的獎勵，等於是額外的加薪。

「換個角度看，這種模式不但有趣，還帶有競賽精神，同仁會比較『永者幣』數量、兌換禮物的品項，爲了面子和好勝心，同仁會更有動力完成客戶服務，」吳良治說，

要求遊戲團隊成員迎接每日工作，不是每次強迫解決，而是為了挑戰、保護與榮譽。

工作融於遊戲

將工作融於遊戲，是因為孫慶餘看到現在年輕人喜歡玩電遊，甚至一整天不吃不喝，如果讓工作跟遊戲一樣有趣，同仁工作會更有動

▲ 永慶房屋推出「永慶大聯盟」工作遊戲化平台，讓同仁上班組隊團戰解任務！

▲ 在「永慶大聯盟」為主題的「工作遊戲化」平台中，人人都可以憑自己的努力換取「永者幣」，在永者商城兌換獎勵。

力而興起的點子。「現在年輕人都喜歡玩遊戲，我們乾脆就把遊戲跟工作結合。現在同仁上班開電腦，看到自己有那麼多永者幣可以用，心情不是好多了。」吳良治說。

「傳統的工作模式，是要成交才有獎勵，現在這種模式，讓日常每一件工作過程，都被肯定而累績成就，只要做到對的事情，有幫助的事情，好的事情，就得到即時獎勵，」永慶房屋業管部協理陳賜傑說。

第二箭：師徒明確化

房仲業是高度專業及精緻服務的產業，除了必須有買賣房屋相關的地政、法律、貸款等「硬知識」之外，人際關係、察言觀色、溝通協調等「軟技巧」更是不可或缺，但這些都是初入行的新人比較缺乏的能力。因此，永慶房屋不僅提供每位新進經紀人超過 360 個小時的房地產專業課程訓練，還會指派學長姐當「師父」，這是永慶傳統的文化。「雖然以前新人進公司有學長帶，但往往因為學長姐比較忙，或者新人不好意思問、不知道要問什麼，所以每位學長姐教出來的都會有落差」永慶房屋人資部資深經理涂振宏說。因此，為確保每位新人受到完善的訓練及照顧，在 2016 年將「學長學弟制」改成「師徒制」，大家角色職責、分工更明確。

永慶房屋大直直營店協理邱昀慧，就曾受惠於學長的幫助，現在自己也搖身一變成為提攜後進的學姐。

邱昀慧記得多年前，她的經驗還不是很豐富，碰上跟客戶交涉的困難，於是打電話請學長幫忙。學長一問就知道邱昀慧已經手足無措，於是要她晚上 7 點直接邀客戶到現場，果然薑是老的辣，一見面就全盤掌控情況，火速帶回斡旋，隔天即成交。

「客戶不要的東西，再認真都沒有用，」邱昀慧從前輩學到的技巧是，服務不光要強調標準作業流程（SOP），還得依情境、時間和對象，提供客製化和顧問式服務，要做有溫度的房地產顧問。

從學徒變師父，從被人教到教別人

現在，角色交換，變成她來帶領新人。有一次學弟帶著鑰匙看屋，巧遇鄰居被順便一問，你們是在樓上賣房子嗎？「帶我去看。」出道未久的學弟還摸不著頭緒，趕緊打電話請邱昀慧來幫忙，最後合力服務如願發揮加乘效果，邱昀慧帶著學弟以 4,800 萬成交。

「學弟不用多講話，什麼都不會沒有關係，我馬上幫你。他其實 Call 我、Call 店長、Call 開發，都會有人馬上補位，」邱昀慧說。

「新人初期帶看，服務能力沒有成熟，學長一同協力，案期縮短，幾乎花一個禮拜就達標，」陳賜傑說。

人力資源部資深經理塗振宏表示：「從人力銀行的統計，職場新鮮人最擔心的就是沒有人教」，在永慶每個新人都有一個專屬的師父、有明確的學習進度，這是永慶提供給每個新進同仁最安心、最幸福的禮物。

第三箭：幸福最大化

彈性工時 8 小時，翻轉「房仲高工時慘業」的創舉

工作 8 小時對大部分台灣上班族來說，是基本的工作條件，就算是所謂的責任制，多數人也不至於像房仲業者對「高工時慘業」有切身之痛的感受。因為房仲的服務業性質，必須配合買賣客戶的時間，這意味著晚上或假日這種一般人的下

◀ 永慶房屋的師徒制，讓
每位新人都可以獲得專
屬學長的教導。

班時間，他們還得上班，帶客人去看房，協助客人賣房，只好犧牲跟家人朋友相聚的時間。

「確實很慘。早上翻報紙找物件，進辦公室第一件事趕快聯絡好客戶，逐家拜訪，」葉凌棋也曾在業務第一線早出晚歸，早上開會，下午再帶看，晚上進辦公室建檔，從早忙到晚，甚至深夜。

這正是房仲在一般人心中的傳統印象，也是房仲經紀人的傳統工作型態：朝九晚五不可能，超時工作才常態，為了成交的不鬆懈態度，每天行程滿到爆，是大多數房仲經紀人的日常。

以前是「店亡人亡」，現在要工作生活平衡

對照過往的做法，這無疑是房仲業工作模式的典範轉移。

孫慶餘翻開早期大台北仲介聯盟加盟店的店長手冊，上面的前言如此寫道：「店長不僅要有不眠不休、任勞任怨的強健體力，肯拼肯纏、誓不退縮的長年鬥志，更要有鞠躬盡瘁、店亡人亡、死而後己的忘我精神。」

「現在怎麼可能？大家要的是工作跟生活平衡。」孫慶餘說。

不過，吳良治記得，2015年彈性工時推動之初，很多店長紛紛提出，「業績都已經不好做了，工時還要縮短，營收滑落怎麼辦？」眾說紛紜下，總部召集了多場店長

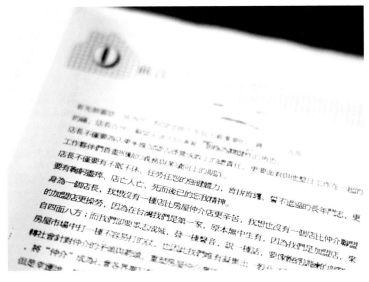

▶ 從早年店長手冊的
文字，可以一窺過
去房仲業的辛苦。

會議，也請績優的主管來分享，後續店長也發現沒有因為工時縮短而影響到營收，才從擔心到認同，現在已是習慣。

「以前把收入擺在第一位，辛苦一點，也就認了，能賺到錢最重要。現在年輕人覺得工作快不快樂很重要，收入排第六順位，最在意工作有沒有價值，不會為了賺錢而犧牲掉生活。」吳良治形容，對許多年輕人來說，有興趣的勞務報酬，才值得投入時間與專長。

在永慶房屋已經工作 26 年的資深店長吳竹武，對此就有很深

刻的感觸。他回憶早期剛入行時，每天都要工作 12 ～ 13 個小時，但現在他每天下班都還有空去運動，也可以跟家人吃飯，早上同仁可以先送小孩去上課、先去運動再來上班。還有同事開心的說，如果早上去宜蘭衝浪、還都可以輕鬆回來上班，這也顯示同仁對「彈性工作 8 小時」所帶來的高滿意度及幸福感。

▲ 吳良治清楚新一代的同仁要的是工作與生活平衡。

新人前 9 個月每月保障薪獎 5 萬元

「師徒制」確保紮實的新人訓練，「前 9 個月每月保障 5 萬元」。永慶房屋這個總計 45 萬元的業界最優保障方案，讓新人能在沒有經濟壓力之下認眞學習。畢竟新進的業務新人一開始往往缺乏客源、短

期內不容易成交、擔心領不到獎金，所以很多社會新鮮人或轉職人員往往會擔心跟卻步。此外，永慶房屋更建立了月月晉升制度，不限年資，第一線同仁每個月都有升等與加薪的機會，「績優的同仁一年

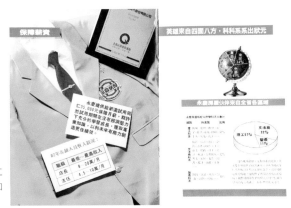

▶ 1993 年永慶房屋即提供新進同仁
每月 3 萬 5 千元的保障收入，如
今更是提高到 5 萬。

都升了十幾級，等於每個月都幫自己加薪 1 萬多元，這是很多上班族要好幾年才有的加薪幅度，在永慶等於加多少薪水是可以自己每個月爭取的。」陳賜傑說。

幸福成家基金，最高可領 250 萬

不只給新人保障，永慶房屋對績效優秀的經紀人，也大方給予獎勵。除了業績獎金之外，2014 年還加碼推出年度「幸福成家基金」。打破傳統「資歷越長獎金越高」或「職級越高獎金越多」的職場潛規則，只要能夠業績達標的績優經紀人，不論資歷每人每年最高可領到 250 萬元的「幸福成家基金」。2015 年更將得獎的門檻降低，以鼓勵更多同仁拿到「幸福成家基金」。

永慶房屋人資部資深經理塗振

宏指出，根據主計處公布的 2019 年工業及服務業受雇員工全年總薪資中位數調查顯示，受雇員工薪資中位數為 49.8 萬元，半數勞工年薪不到 50 萬元。相較之下，永慶房屋 2020 年「幸福成家基金」獲獎者中，有近三成的獲獎者獲得超過 50 萬元的獎金。

此外，「幸福成家基金」發放金額與人數更是年年創新高。2020 年有超過 400 位經紀人獲頒「幸福成家基金」，人數較上一年度增加近兩成。發放金額為近 7 千萬元也較前一年成長超過三成。七年下來，累積發放的獎金已超過 3 億 8 千萬元，充分展現對人才的重視。

「員工的福祉是企業的優先考量，讓同仁沒有後顧之憂才能創造事業高峰。」孫慶餘表示。

獎金不分資歷，新人也能圓買房夢

今年 33 歲的吳政陽，已經在五年內拿下四座個人業績冠軍，年薪突破 800 萬元，並已連續六年獲頒「幸福成家基金」，累積獎金超過 600 萬元。吳政陽表示，待疫情解封後，要帶著全家人到歐洲旅遊，為人生留下美好回憶，未來也希望拿下更多獎金，提早退休、享受美好人生。

表現好的新人，也一樣能受到肯定。入行一年的經紀人趙崇葦，就獲頒 2020 年度「幸福成家基金」50 萬元，讓他興奮不已，也期許自己未來年年都要領到，希望圓三

▲ 永慶房屋「幸福成家基金」發放金額與人數年年創新高。

年內在台北市大安區買房的夢想。「這筆獎金是我的買房頭期款，我又朝買屋的夢想更近一步！」趙崇葦說。

由「前9個月保障每月5萬收入」、「師徒制專業培訓」、「彈性工作8小時」組成的職場鐵三角，加上百萬高薪與「幸福成家基金」的實質獎勵，都成為永慶房屋吸引新人、留住人才的利器。2019年永慶房屋推出的「五不一沒有」貼圖，就用可愛搞笑的方式，清楚揭示永慶房屋與其他房仲業者的不同。

「五不一沒有」包括：

▲ 「五不一沒有」的貼圖。

一、不需超時工作，

二、不需拋頭露面，

三、不需背著廣告板發 DM，

四、不需亂接案考核、晉升不靠委
　　託數，

五、不需浪費生命等晚上 10 點
　　開會，

六、另外一沒有，就是每到颱風季
　　節，在永慶房屋，只要政府宣
　　布放假，永慶房屋同仁也不需
　　上班。

「五不一沒有」貼圖甫推出，就引起同仁拍照模仿，其中反應最熱烈的就是「不需朝九晚十、爆肝超時工作」及「不需背著廣告板遊街發DM」兩張圖片！還有同仁加碼：還可以不用拒絕朋友邀約！

「現在街頭還會看到其他業者在發傳單，我們利用科技仲介早就不需要這樣做了，不僅讓業務有更舒服的工作環境，更不會去強迫同仁要簽立多少委託銷售合約。」吳良治說。

陳賜傑也分析，因為這樣的工作環境，永慶房屋的離職率下降，留任率相對提高，在徵才時同仁推薦數也逐年增加，推薦率以往一年兩位數不到，現在則是百位數的往上明顯攀升。

「內部滿意度提升，家庭美滿幸福，有時間去學瑜伽，打球，跳舞，騎車，都 ok。同仁的改變親友都看得見，所以會支持來永慶房屋擔任經紀人。」陳賜傑說。

房仲品牌唯一連續三年拿下亞洲最佳企業雇主獎

因為長期致力推動「聰明工作、健康生活」，永慶房屋連續在2018~2020 年，獲頒亞洲權威人力資源期刊《HR Asia》雜誌舉辦的「亞洲最佳企業雇主獎」，是台灣唯一三年獲獎的房仲品牌。

此獎項為橫跨亞太區 11 個國家、累積 200 萬名參加者的盛事，自 2018 年開始在台灣舉辦，評選方式是由相關行業專家、學者組成

的審查委員會，透過企業調查報告、審查企業對人力資源計畫的投入與成果，並直接邀請參選企業員工，以匿名方式填寫問卷，為自己的公司打分數。此外，評審還特地從馬來西亞到台灣，實地考察與了解參選企業的工作環境、人資政策，經過重重評選之後，才選出當年度的「最佳企業雇主」。永慶房屋之所以能連續三年上榜，連年高於業界平均的員工問卷調查結果，以及評審對永慶房屋人資政策的深刻印象，都是獲獎主因之一！

《HR Asia》雜誌指出永慶房屋在「工作獲得肯定與回饋」、「團隊合作」等方面，獲得接近滿分的成績！顯見永慶同仁對於「永慶大聯盟」帶來的「工作獲得即時獎勵與回饋」、「師徒制」等制度，擁有高滿

▲ 吳良治代表永慶房屋領獎（右），由《HR Asia 雜誌》所屬 BMI 集團（Business Media International）總編輯 William Ng（左）親自頒獎。

意度。

此外，永慶房屋在 2020 年，連續八年奪下《台灣服務業大評鑑》的金獎。集團旗下的加盟品牌永慶不動產，則是連續四年贏得銀獎，

▲ 2020 年《臺灣服務業大評鑑》，永慶房屋八連霸再奪金。

拿下銅獎的台慶不動產則是二度獲獎，讓永慶房產集團再度成為房仲業最大贏家，包辦連鎖房仲業前三名。吳良治分享：「能夠連年獲獎的原因，是讓同仁不只在工作中獲得薪資、獎金，也讓同仁在提供客戶服務時獲得客戶的信賴及肯定，體現同仁想要的工作價值。」

2020 年，就業市場受疫情衝擊，許多產業暫緩徵才，求職者找

工作不易。但永慶房屋善盡企業社會責任，不僅在當年 6 月時宣布逆勢加薪，針對集團總部行政人員，依績效表現平均調薪幅度 3%，還逆勢擴大徵才，光是 2020 年上半年履歷量已較上一年度同期增加四成，報到人數更成長五成，都說明只要創造好的工作環境，自然能吸引到好的人才。

「永慶房屋身為台灣房仲第一品牌，除了提供消費者優質的服務外，為員工打造幸福職場更是我們應盡的社會責任。客戶與員工是永慶房屋最關心也最重要的對象，有幸福的員工才有滿意的客戶。」吳良治說。

首家獲得「運動企業標章」認證的房仲品牌

除了健康是事業的基礎，衝業績需要腦力與體力齊發，平時鍛鍊不可少。重視團隊的永慶房屋以球賽運動挑起夥伴的默契，自 2013 年起就開始舉辦年度大型運動賽事，包括 2013 年開辦的永慶盃壘球賽、2015 年開始的永慶盃籃球賽、2017 永慶盃羽球賽等。永慶房屋也在 2016 年獲教育部體育署頒發「運動企業標章」，成為首家且自 2016 年開始年年獲得運動認證的房仲品牌。

為了讓更多同仁參加，除了球賽外，永慶還會舉辦啦啦隊比賽、得分王甚至是人氣王的票選比賽，擴大同仁參與度！此外，2019 年的

▲ 2019 年永慶壘球賽圓滿成功，董事長孫慶餘、陳金鋒、黃暐傑及全體同仁開心合照。

永慶盃壘球賽冠軍賽還特別邀請「永遠的第四棒」陳金鋒、旅美球星黃暐傑擔任神秘嘉賓，到現場為球員們打氣。

2020 年因為新冠肺炎疫情干擾，永慶不得不暫停舉辦籃球賽與羽球賽。為了兼顧防疫與鼓勵同仁持續運動習慣，永慶房屋推出為期 21 天的「萬步走起」活動，吸引逾千名同仁響應參加，累計步數換算

▲ 永慶房屋每年舉辦籃球、羽球、壘球三大賽事，希望同仁「聰明工作，健康生活」。孫慶餘董事長也到場為同仁打氣！

成公里數超過 18 萬公里，若以繞赤道一圈約 4 萬公里計算，相當於繞行地球赤道 4.5 圈！

21 天的「萬步走起」活動，是採用「21 天效應」策略，藉由為期 21 天活動，讓同仁培養新的生活習慣，同時祭出誘人獎勵，團體組前六名可獲得 5 千元至 2 萬元現金；個人組前百名也能獲得千元現金禮券。希望參加競賽的同仁因此改變了生活習慣，不管是上下樓不搭電梯改爬樓梯，或是上班前先慢跑或下班後夜走，增加每日運動量。團體組的同仁更組成 Line 群組，交流每日健走心得及分享各地美食店家，健走話題讓不同單位的同事多了交流機會、感情變得更好。

2020 年疫情舒緩後，永慶也立刻舉辦永慶盃壘球賽，更邀請中華職棒中信兄弟的專屬啦啦隊 Passion Sister 為重磅回歸的永慶運動賽事喝采，也替永慶球員們加油打氣！

「我們落實彈性工作 8 小時，讓同仁們有餘裕，在認真工作之餘，培養運動的好習慣，鍛鍊出強健體魄，也從競賽中養成團隊合作的默契，無論在球場上或職場中，都是合作無間的神隊友，」吳良治說。「在永慶，每年爭取球賽冠軍隊比爭取業績冠軍還受到同仁更大的關注，每年人資部主辦單位都要不斷的去發揮創意讓同仁更加驚喜。」

不過，把每位新人當成璞玉雕琢，又提供高額的獎勵回饋，還要辦大型運動賽，這些對公司來說意味著要付出很多的成本。

「多一個人成家，世上就多一分幸福，多一人幸福，社會動亂就減少一點。爲大家守護平安，也是賺到無上的社會責任。」孫慶餘說。

第七章

開創發展共享成長
仲介楷模兼善天下

「平均 1.5 天開一間店。」

「總業績較去年同期成長 65%。」

「成交數達 1.1 萬件，年成長高達 45%，成長幅度爲市場的 2.7 倍。」

這樣驚人的數字，是哪家連鎖店的成績？答案是：永慶房產集團旗下三大加盟品牌：永慶不動產、有巢氏房屋、與台慶不動產，在 2021 年第一季交出的漂亮成績。

事實上，這三個品牌早就展現出優於業界的成長態勢。

根據永慶房產集團的資料，2020 年雖然新冠疫情蔓延，但從六都全年買賣移轉棟數推估，全台房市交易量較前一年成長了 6%，創下七年來新高。但是，每天幫全台 160 組客戶圓成家夢的這三個品牌，創下比市場表現更亮眼的五大績效紀錄：

一、總成交金額突破 4,600 億元，年成長 36%，刷新最高紀錄；

二、總業績衝破 190 億元，年成長 30%，刷新最高紀錄；

三、成交件數突破 41,000 件，年成長 24%，刷新最高紀錄；

四、聯賣成交件數年成長 40%，從 7,500 件增加到 11,000 件；聯賣業績年成長更高達 50%，從 32 億激增到 48 億元，刷新最高紀錄；

五、單店平均業績突破 2,300 萬元，年成長 28%，不僅刷新最高紀錄，也高居業界之冠。

如果再把永慶房屋這個旗艦品牌算進去，去年永慶房產集團總銷售金額近 7,000 億元，新展店數超過 150 家，四個品牌店數加起來已經超過 1,300 家，在全台 19 縣市穩居店數市佔率第一。

超過 1,300 家分店，穩居全台最大房仲集團

1988 年成立的永慶房屋，在雙北地區經營直營店，以強調資訊透明、不賺價差等良心作法，在市場上建立口碑。為了將新式仲介更快速普及到全台，因此針對不同的顧客族群，陸續創辦了不同的加盟品牌。2002 年首推永慶不動產、2003 年成立了有巢氏房屋，2012 年台慶不動產也掛牌。在 2002 年

還沒推動加盟前，僅有 40 多家的直營店，到了 2021 年直營加盟超過 1,300 家，等於在近 20 年內成長 30 倍，速度驚人。

「我們透過加盟，以行業共好的觀念，擇優找到優秀的經營者，一起有共好的經營理念，快速在市場上推廣理念，也確實成功。」葉凌棋說。

直營加盟雙管齊下，加速推動新式仲介

為何要推動加盟？葉凌棋表示，對企業來說，要將好的經營模式快速推展到市場上，光靠直營不夠快，因為光是培養足夠的人才，就需要很多時間，直營加盟雙管齊下，才能加速成長。

另一方面，加盟的需求也來自

▲ 永慶房產集團旗下品牌都展現出優於業
界的成長態勢。

於客戶「貨比三家」的長期慣性。永慶房產集團加盟事業處董事長劉炳耀觀察，消費者的習慣是先接洽排名前二大的品牌，再選一個物件附近的房仲公司。「找房子跑三、四家剛剛好安心，也因為這種看房子的慣性，一條街上 300 公尺內，同一個品牌不會重疊。」劉炳耀說。

此外，仲介業是服務業，非常講究「人味」，房子在賣方手上，資金在買方手上，仲介提供的是資訊與服務，消費者要找誰來幫忙買賣房子，對品牌的認同感就很重要。但是，不可能單一品牌都可以適合所有消費者，所以多品牌就有其必要性。

因此，雖然集團內不同品牌都要服膺最高的共同原則，例如「先誠實再成交」、不賺差價、不坑殺

客戶、合作聯賣等等，但各品牌還是有各自的定位，鎖定的客群也不太相同。

「每個品牌要有不同個性，才能提高市場的覆蓋率，爭取不同客戶的認同，但是後面因為整合了集團品牌聯賣，不同的客戶到任一家都能得到最大服務能量。雖然接觸的點不一樣，但是最終的服務效率是一樣高的。」葉凌棋說。

每個品牌，各有特色

這三個加盟品牌，各有什麼樣的特色呢？

永慶不動產基本上就是集團加盟的旗艦品牌，不論在科技仲介、專業服務、先誠實再成交等作法上，都要跟旗艦品牌、也就是永

▲ 永慶房產集團加盟事業處董事長劉炳耀觀察，客戶「貨比三家」的長期慣性，所以發展加盟多品牌有其必要。

有巢氏房屋則定位成社區專家，以「有巢氏就是小巢」的擬人化方式，主打「社區大小事，問小巢就對了」的品牌訴求。因此，有巢氏房屋特別強調社區經營，例如有巢氏房屋會跟在地的鄰里長及當地社會、公益團體合作，推動公益活動，不斷強化社區服務的品牌特質。

台慶不動產的 Slogan 則是「成交有我，一路相伴」，不僅提供專業，更像「朋友」般貼心，在消費者買賣不動產的過程中，耐心傾聽，用心體會，全程關心與陪伴，以洞察客戶真正的需求，並透過集團資源及多品牌聯賣，善用數位科技，找到滿足客戶需求的物件，台慶不動產強調不光是成交，還包括後續的裝潢、搬

慶房屋匹配。例如，當永慶房屋在 2019 年 8 月推出「實價登錄 3.0」成功後，永慶不動產在 12 月就接棒，成為第一個落實這個政策的加盟品牌。

▲ 永慶不動產基本上就是集團加盟的旗艦品牌，在標準上都要跟永慶房屋比肩。

家、修繕等，台慶人全程提供協助，要做客戶專屬的行家，可信賴的朋友。

「有店東說，台慶不動產做土地買賣比永慶不動產強。永慶給人感覺是科技房仲專業，很多地主到永慶門市比較不自在；反而是台慶感覺比較親切，跟地主『ㄅㄨㄚˊ ㄋㄨㄚˋ』（台語，意思是交陪），台慶不動產真的很厲害。有巢氏房屋是經營社區專家，有親和力，客人到門市會進來喝咖啡聊天，不一定要買房子才進來，」

永慶房產集團加盟事業處總經理莊志成分析。

房仲加盟的濫觴，催生永慶直營店

有趣的是，永慶房屋的誕生，其實跟台灣房仲業第一家加盟體系有關，因為孫慶餘在 1986 年創辦的大台北不動產仲介聯盟（在 1987 年更名為住商不動產），正是台灣房仲業加盟的濫觴（詳見第一章）。

為了改革舊式仲介的陋習，孫慶餘將新式仲介的觀念導入住商不動產，例如把店面從樓上搬到一樓，要求仲介經紀人穿西裝制服，並導入電腦系統，並推動「只收服務費、不賺價差」的做法，希望透

▲ 永慶不動產加盟總部成立大會上，孫慶餘上台致詞。

過開放透明的環境，打造經紀人的專業形象，以誠實交易、不坑殺消費者的方式，扭轉外界對於傳統仲介「牽猴仔」的負面印象。

然而，加盟業者並不買單。搬到一樓的租金貴出好幾倍，又要付經紀人底薪，但卻不能賺差價

而只能收服務費，紛紛大喊「這樣這麼可能、賺不到錢啦」，因此面臨很大的阻力。為了證明新式仲介可行，孫慶餘決定自己創辦永慶房屋，先以直營店做出成績，證明這套做法不是唱高調、而是真正能夠成功的模式，再透過加盟把這樣的理念推廣出去。

▲ 有巢氏房屋定位是社區專家，主打「社區大小事，問小巢就對了」。

▶ 台慶不動產的 Slogan 是「成交有我，一路相伴」，不僅提供專業，更像朋友般貼心。

直營仲介楷模，加盟後發先至擴市佔

「你不相信，我就做個樣板給你看，做一個正派經營的仲介楷模。再把直營成功的經驗分享給你，大家就接受了。這也是為何我們的加盟店東，都很支持總部政策，也願意配合執行。」孫慶餘說。

數字會說話，「直營先行、加盟後發」的做法，確實成功搶佔市場。截至 2021 年 5 月，永慶房屋直營店已經突破 250 家，而永慶不動產、有巢氏房屋、台慶不動產的店數也分別邁向 500、400 與 300 家，而且數字還在持續成長中。

「我們三個加盟品牌也算是後發先至，永慶房屋雖然在市場上是後發品牌，但在我們整體團隊的

中正仁愛直營店
7704-0330
EVERTRUST.COM.TW

▶ 孫慶餘創辦永慶房屋，親身成功實證了「新式仲介」的可行性，再透過加盟把這樣的理念推廣出去。

支持與努力之下，在雙北區（直營區）已穩居第一品牌，我們把永慶房屋的成功經驗值帶給他們，因為證明可以賺錢，就吸引更多的人加入我們。」孫慶餘說。

高門檻加盟標準，先看是不是同路人

不過，永慶房屋成功經驗值的「移轉門檻」可不低。

首先，永慶房產集團的加盟金在業界是出了名的「難談」。加盟金由總部統一規定，業務人員並沒有

權限為了吸引客戶可以提供折扣，優惠得看總部當年度是否有推出特別方案而定。

「我們的加盟金不是用喊價的，沒有跟展店業務商量就可以少幾萬塊的個案問題。店東都說我們最難談。」葉凌棋說。

其次，他們對加盟店東有嚴格的篩選標準，不是想加入就能加入。莊志成表示，永慶評估加盟店東的標準，最重要的不是好看的學歷，也不是耀眼的業務能力，而是必須是認同永慶的文化理念的「同路人」。包括客戶至上、交易安全、聯賣共好等，也願意真正遵守遊戲規則，而不是店東本身可以帶來多少加盟金的業績考量。此外，他們也會考慮加盟店東過去的背景，如

果有疑慮就不會同意加盟。

「我們是業界唯一在房仲加盟進來時要先面試的企業，還要調查店東背景及信用，」莊志成嚴肅地說，不是誰捧錢來，就給誰加入，把關的工作很嚴格，也沒有緩衝的餘地。

加盟要守三大天條，不是會賺錢就能加盟

想要加盟就必須遵守永慶的「三大天條」。第一，品牌至上：不會為了要賺錢而影響客戶權益並損害影響品牌；第二，和諧為重：願意跟集團內同品牌或不同品牌的其他店東合作聯賣，不會為了自己的業績，而去侵害其他友店的權益；第三，交易安全：先誠實再成交，

▲ 永慶總部提供加盟店的科技工具，確實對加盟店帶來很大的效益。

要保障消費者的權益，不坑殺消費者，不做黑心仲介。

「不是業界業績最厲害的就可以加盟，因為業績好可能是透過傷害消費者、做投機客、坑殺客戶而來，所以業績不會是我們的選項，而是能不能認同我們的理念，接受我們的規範。不能的話就不讓他加盟，做朋友就好。」莊志成說。

經過嚴謹的面試與專業的調查，還有可能會將創業心切的店東拒於門外，乃是因為永慶總部考量的是「積習」是否能改。

許多加盟店東過去可能都有房仲經驗，或曾加盟過其他品牌，然而長久以來，台灣仲介業被「寵」壞了，重利之下輕仁義、挾新式仲介之名坑殺客戶的業者，仍大有

人在。因此，永慶把能否有共同理念當成是評估加盟店東的關鍵，正是要避免團隊中會出現有人爲了賺錢，反而破壞遊戲規則，導致跟其他加盟夥伴的合作關係不和諧，也可能會對品牌形象帶來負面影響。

因此，積習若不改，永遠進不了永慶的加盟大門。也就是說，承諾與宣誓後進門成爲一家人的加盟店東，都和直營「品質對等」，使一般消費者分辨不出加盟與直營的差別，因爲制度形象早已融成一體，具有同樣等級，個個菁英都是誠信的，被指名服務的專家。

「總部評估加盟店東在地方口碑，才被同意進入永慶集團，絕

▶ 永慶房產集團加盟事業處總經理莊志成表示加盟主最重要的是必須認同永慶的理念。

不能發生服務糾紛，如果自私的獨享，就會被拒於門外，我們堅持服務品質和保障消費者權益，也保障加盟店東好收益。」莊志成說。

花錢來被管，因為可以賺更多錢

面談時，總部也會詢問創業店東，為什麼願意花錢來接受管理與輔導？

答案很簡單：加盟永慶可以實現成功創業的夢想。更直白的說，就是能夠賺到錢，達成財務自由的目標，拿回人生的主導權。

孫慶餘說，永慶的加盟做法，其實正是呼應企業的四大經營理念：顧客滿意、仲介楷模、開創發展、與共享成長。

首先，「顧客滿意」是指提供顧客誠信仲介、童叟無欺的服務，並不斷地發展創新的服務，以客戶滿意為依歸。對直營店來說，顧客就是委託買賣的客戶；而對加盟店東及其店內夥伴來說，他們就是總部的客戶，因此如何協助加盟店東及其夥伴達到良好績效，就是總部的責任。

因此，相較於有些加盟品牌就是收月費，並不太管店東是否賺錢、做法是否符合規範，永慶對於加盟的概念完全不同，不是以收加盟金為重點，只要讓對方掛上招牌就好，還會提供全面性的資源協助，從品牌行銷、科技系統、深度聯賣、課程訓練等，一方面協助店東實現創業夢想，一方面也讓新式仲介更普及到市場。

「我們經營理念第一條就是要顧客滿意，適用到加盟店就是我們要努力幫店東賺錢，因為他們加盟的目的是就要創業賺錢。」孫慶餘說。

「2020 年永慶不動產 400 多家店，平均年業績超過 3 千 100 萬，其他同業卻只有 800 到 1,000 萬（或平均店效只有 1/3~1/2），遠落後一大截，我們等於一家店做到三家店的業績，同業對這數字都十分清楚。」葉凌棋說。

從信義房屋到永慶找到新幸福，工時少了年薪多了

永慶不動產台中勤美園道加盟店與台慶不動產台中彰銀謙樂加盟

▶ 吳泓諭曾在信義房屋擔任經紀人，加盟永慶讓他重新找回生活與工作的平衡。

店的店東吳泓諭，就是典型的成功加盟案例。

七年級生的吳泓諭，在加盟永慶不動產前，曾在信義房屋擔任經紀人，拿下多次「百萬經紀人」獎項，幾乎年年上台領獎，年僅30歲就接下信義房屋台中科博館店的店長。然而。高業績的背後其實是高工時與高壓力的堆砌，雖然當店長薪水高，但是每天都要追著業績跑，一天工作14~15個小時是常態，每個月也只敢休假一兩天，不僅健康亮紅燈，也犧牲了與家人相處的時光。

後來他女兒出生，為了想多花一些時間陪伴家人並一圓創業夢，因此在2014年決定離開任職近十年的信義房屋，加盟永慶不動產，成立了台中勤美園道加盟店。初試

啼聲就一鳴驚人，首年就帶領團隊繳出3千多萬的業績，之後績效年年成長，到了2020年店總業績更一舉飆上近8千萬元的大關，平均每天成交1.7組客戶，獲得「永慶不動產－店總業績傑出獎」。

今年40歲的他，平均年薪也比在信義房屋時期倍數增加，也讓他創業兩年，就可以把自宅從二房換到四房的好宅，讓家人有更好的生活條件。「現在每天平均工作8小時，薪資報酬卻是過去好幾倍，這些在信義房屋時完全不敢想像。」吳泓諭說。

品牌加聯賣，讓加盟店東更上一層樓

台慶不動產位在桃園的大園

大江加盟店店東許瑛哲，是另一個案例。

今年 32 歲、在房仲業資歷只有八年的他，大學念生物科技，但退伍後並未學以致用，反而是看到朋友當房仲發展不錯，因此跟著進入 21 世紀不動產，希望挑戰賺高薪。當時，台灣房屋市場正處牛市，他從頭開始學習房產知識和累積服務經驗，業績表現也都在公司前三名。

但是，為了追求更大的舞台，許瑛哲在三年前決定轉換平台。看中永慶的品牌力道，店數多又有聯賣制度，應該有機會更上一層樓，因此帶領整家店一起加盟台慶不動產。

數字證明，這個決定是正確的。

加盟店從成立以來，至今平均每週成交二件以上。業績更是連年翻倍成長，從 2018 年的 1,500 萬、2019 年的 4,300 萬元，到 2020 年更是突破 1 億元。公司也從 21 世紀不動產時期的不到 10 人，現在已經成長為擁有 25 名經紀人的大團隊，而且有七成的經紀人業績破 100 萬元，其中業績超過 500 萬元更有三成之多。店內業績王的數字，已經累積到 3,600 萬元，還在持續成長中。

「團隊有很好的氛圍，就是向心力強，行動力夠，大家做事都會齊心，往同一個方向一直衝！」許瑛哲表示。

▶ 曾在21世紀房屋工作的
許瑛哲（左一），為了
更大的發展舞台加盟台
慶不動產。

加盟成功的三大法寶

這兩個成功故事，在永慶加盟四大品牌超過一千多家店中，並非特例。究竟永慶加盟體系，為何可以如此給力？葉凌棋指出，這是因為永慶有三大法寶：品牌信譽、網路系統優勢、與聯賣制度。

法寶一：品牌信譽

2002 年永慶不動產開放加盟，由江國勇旗下的淡水站前加盟店拔得頭香。這家店的前身是早在 1989 年就成立的新淡水不動產仲介經紀有限公司，也曾加盟過住商不動產，但他知道在地品牌知名度不夠、業績成長也容易遇到瓶頸，因此決定加盟永慶不動產，就是因為永慶的品牌信譽。

「外地客來淡水買房，從捷運站走過來都對永慶有印象，知名度及信賴度極高。」江國勇說。

全台第一房仲品牌的地位，確實是吸引加盟店東的利器。在 2020 年的《台灣服務業大評鑑》中，永慶房屋已經連續八年奪下金獎，永慶不動產則是連續四年贏得銀獎，拿下銅獎的台慶不動產則是二度獲獎。永慶房產集團包辦連鎖房仲業前三名，有巢氏房屋也曾三度獲獎，可說名符其實是房仲第一品牌。

有台灣服務業奧斯卡獎美譽的《台灣服務業大評鑑》，即便在 2020 年疫情壓境下，仍動員通過 SGS 國際認證的 28 名神祕客，評鑑稽核 30 個產業、345 家企業、413 個店點，以實地查訪的方式進行調查，共計出動超過一千人次的訪查次

數，評鑑規模堪稱台灣之最。

除此之外，根據政治大學進行的一份品牌調查研究指出，在只委託一家房仲業者的受訪者中，不論是買房或賣方，永慶房屋都是首選。在委託購屋端，永慶房屋以34.85% 拿下第一，超越信義房屋的 30.18%。在委託售屋端，永慶房屋則以 34.78%，領先信義房屋的 29.41%。

直營「仲介楷模」，加盟「開創發展」

根據同一份政大調查，不論是售屋或購屋，消費者在選擇仲介品牌時，整體印象良好、感覺專業、交易安全有保障這三個條件，都是買賣雙方最重視的原因。所以，永慶集團的加盟策略，就是「母雞帶小雞」，這也落實了永慶四大經營理念，先以直營體系做出「仲介楷模」後，再透過吸引同路人的加盟方式來「開創發展」，將最優質的新式仲介服務快速推廣到全台各區域，創造出讓消費者信賴的品牌。

為了確保品牌的專業度與服務口碑，除了直營體系外，對於加盟品牌的訓練也不馬虎。為了協助加盟店東經營管理、提升業績，舉辦各式訓練營和教育訓練等活動，例如「永慶加盟三品牌經營管理會議」、「永慶加盟三品牌全台菁英會」、「永慶加盟三品牌店東大會」等等，分享集團在品牌、環境、科技、系統、活力各面向的優勢，幫助店東持續掌握最新的產業趨勢和創新科技。

▶ 永慶不動產加盟店東鄭曜德（左）認為永慶加盟體系的成功，在於總部的管理。

以「聯賣區長訓練」為例，就傳授店東如何強化區域聯賣來提高績效。另外，「房仲經營管理師培訓班」則特聘外部專業名師、搭配高階主管，剖析市場趨勢和經營方針，分享如何帶人帶店、善用平台和數位工具、掌握最新社群行銷等。這兩項課程滿意度也高達九成六。

「連鎖的概念是先發展 know how，然後標準化，就像餐飲業的中央廚房一樣。我們提供給加盟店東的東西，都是先在總部測試、營運過成功的做法。」孫慶餘說。

被管理與不被管理，業績差很大

永慶不動產高雄 R14 文信加

盟店店東鄭曜德，就很滿意永慶的加盟做法。

他表示，永慶的強大系統幫助評估與診斷，適時的做出改善與調整，若改善未起色，總部也會提供教戰秘笈，共同保護品牌、修正服務。相較於其他同業只給品牌名片，永慶的經營管力智慧系統卻多達 32 個項目，好壞的力道透過管理診斷，提供實用的教戰守則。

此外，永慶加盟總部在推行任何政策時，都會先經過多次的溝通、說明推行的原因、方法，提供直營店推行後的成功數據，讓加盟店知道落實政策的優勢。甚至被邀請到台北，由孫慶餘率領總部高階親自向加盟店東說明，把店東當消費者一樣，雙向溝通

的希望取得認同。客訴或扯後腿的糾紛，總部也會出面協助，做加盟最堅強的後盾，在 48 小時內搞定所有疑難雜症。

「被管理與不被管理，業績差很大，」雖說每家加盟店在法律上都是一家獨立公司，但身為店東的鄭曜德卻很願意接受總部下的「指導棋」。

資源共享，共創品牌「共享成長」

台慶不動產高雄 R15 孟子加盟店店東李信輝，認為永慶房屋對外品牌形象非常好，其他集團內的品牌也因此受益，因此選擇加盟台慶不動產。

在加盟之前曾任職過信義房屋的他，指出永慶跟其他加盟品

牌不同的地方在於「資源共享」，集團直接將系統內部的資源，提供給加盟店面使用。例如總部有線上課程「不動產學院」，讓每一位成員都可以上課，新人也可以從中快速學習，在短時間內培養起基本專業素養。

「我上完『房仲經營管理師』課程受益良多，回去之後也推薦給了許多人。對於我旗下的人員，我都會把想辦法把他們送來上課。這些都是我們所擁有，而其他品牌所缺乏的優勢。」李信輝說。

法寶二：網路與系統優勢

打開手機，馬上就能知道物件最新狀況，包括即時帶看、即時推薦、物件開發和銷售等功能。不僅自家的，還包括友品牌的物件，也可以一併看到並聯賣。

這個讓所有房仲都很羨慕的強大行動工具，正是永慶房產集團針對加盟品牌的房仲經紀人，打造出來的「行動智能經紀人 APP」。加盟的一萬多名房仲業務，現在只要透過一隻手機，就能連回資訊後台，不需進公司就能夠隨時隨地服務客戶。此外，還可以利用這個 APP 直接進行跨品牌聯賣，更大大提升創造業績的可能性。

「以前要透過傳真打電話，一個物件就是一張配案單。現在在平台上可以直接看到物件，發訊息就可以來調案件，用手機點一點，物件資訊就送到客戶面前，節省時間，非常方便，」莊志成說。

永慶將有關行程、看屋、銷

售、成交等所有工作流程，全都整合在 APP 上，也大幅提升對加盟體系的管理。由於每個加盟店的經紀人都必須下載使用這個 APP，身份通過認證才能工作，強化對內部的控管。

此外，永慶房產集團的所有加盟店，都可以將銷售物件刊登在永慶房仲網與好房網兩個網站上，永慶房仲網已是全台流量最大的房仲平台，讓永慶房產集團加盟店的物件曝光量比其他加盟品牌更高！也因為有更多潛在消費者看到永慶房產集團加盟店的物件，許多加盟店每個月從永慶房仲網與好房網打來的詢問電話，超過 20 至 30 通！也因此永慶加盟店的物件賣的快、業績更好！

2021 年 5 月新冠肺炎疫情升溫，更凸顯永慶房產集團超前部屬的各項科技優勢，2018 年開發「行動智能經紀人 APP」，集結房仲經紀人日常所有服務及作業流程，從開發、銷售、客戶經營、委託服務、成交後服務，讓加盟店經紀人靠一支手機就可以隨時隨地完成作業、服務客戶，全面提升服務與業務競爭力。強大的系統功能，讓加盟店經紀人在疫情期間不進辦公室依舊可以作業，客戶服務不受影響。

科技仲介，直營移轉到加盟

這其實是永慶推動「科技仲介」的延伸（詳見第五章）。透過科技的力量，包括從 PDA、iPad……一路升級到智慧型手機的科技工

具，以及線上看房等等科技應用，O2O（線上到線下）的整合，集團網路行銷團隊超過 200 人，年年投資數億元，全面提升經紀人的數位服務力，讓客戶得到更優質的服務。

這樣的系統，都是永慶房屋先在直營店，花了很多時間、砸下很多資源而創造出的成果，絕非任何加盟店有能力自行開發。正因為已經是經過總部除錯、被證明是成功的模式，因此移轉到加盟體系就相對容易，減少加盟店的學習曲線，更能吸引加盟店東的眼光。

跟著總部走就對了，不需要買其他系統

台慶不動產高雄自由明誠加盟店店長蔡亞志，就因為永慶的「科技仲介」而選擇加入這個大家庭。

他在退伍後先加入太平洋房屋，奠定了房仲的基礎。後來，他決定自己創業，看到永慶房屋推出的影音宅速配，發現科技房仲才是未來的趨勢。事實上，他的父親也做仲介，但那是賺價差的時代，所有資訊都掌握在房仲手中。然而，科技與網路讓年輕人也可以縮小資訊落差，因此他決定加盟新興的台慶不動產，正是看中永慶集團在這方面的實力。

蔡亞志說，科技確實對加盟店帶來很大的效益。一方面，一套系統就可以整合所有資訊，用智慧型手機 APP 就能一手掌握。還可以透過線上看房，讓消費者在家先

看房子，到現場確認後就可以開始談，業務催熟度很高。

另一方面，總部的「不動產學院」課程，也是透過線上就能學習，對人員來說是很大的資產。「我常告訴同仁，要跟上總部，不斷進步，不要像其他業者還要出去買其他系統，增加自己的成本。永慶集團的資料和系統不斷更新，對業務來說已經很足夠。」蔡亞志說。

此外，總部也常關心店東會不會使用這些新的科技或系統，對身為店東的他來說，這樣的系統也協助建立店東的領導威信。「同樣當店東，在永慶系統裡簡單得多。」蔡亞志說。

法寶三：聯賣制度與環境

你想賣掉台北市的房子，在台中市買房搬過去，這時候要怎麼找房仲呢？理想的狀況是找同一家店，可以同時幫你賣房又買房，但是台北的店怎麼會有台中的物件？如果是同一家房仲，不同地區分店可以相互支援。但單一品牌的店數畢竟有限，想要有更多的資源可以協助你快速找到適合的對象，難道得大費周章來委託不同的房仲業者嗎？

這時候，聯賣制度就顯得特別給力，而旗下擁有四大品牌、一千三百多家分店、一萬八千多人的永慶房產集團，提供了「一家委託、千店聯賣、萬人服務」的深度聯賣，成為市場上最強大的銷售服務網絡。透過深耕的合作文化、合理的分潤制度、強大的科技平台，讓不同品牌都可以聯手合作，客戶不論是委託哪個品牌的哪一家店，

都能獲得友品牌的奧援，不需再去委託另外的店。

這種跨店、跨區、跨品牌的聯手服務，對經紀人來說，也有很大的好處。以前沒有聯賣時，客戶來店裡或許有一百個物件都沒法滿足他，就做不成這筆生意。現在透過聯賣制度，就很容易找到適合的物件。例如，光在高雄，永慶不同品牌加起來就有兩萬多個物件可供選擇，大幅提升成交機會。

「就像在量販店一樣，你不用再去逛其他門市，因為透過這個機制就能滿足你找到合適的物件，可以一站式購足。」莊志成說。

跨區域、跨門市、三品牌的「深度聯賣」

永慶的聯賣制度，成為讓加盟店最有感的機制。

台慶不動產台南仁和文化加盟店店東林郅丞，之前在住商不動產工作，表現傑出，曾經拿過「菁英獎」、「單月百萬業績獎」等，還曾在兩家分店擔任過副店長，也因此萌生自己當店東的想法。但他沒有選擇加盟老東家，而是加入台慶不動產，除了人員素質與對交易安全的控管等因素之外，最主要的原因就是聯賣制度。

當時林郅丞發現台南區台慶不動產、永慶不動產與有巢氏房屋三品牌的市佔規模和物件數量超越同業，靠著跨區域、跨門市、三品牌

的「深度聯賣」，市場潛力更大，因此說服了團隊轉招。

他們的第一筆生意，就是透過聯賣而成交！原來一位同仁的客戶，希望能在台南市歸仁區買房，他們抱著嘗試的心情，與台慶的台南歸仁中山加盟店合作，由對方推薦物件。過程中友店相當幫忙，加盟總部也非常積極居中協調，最後客戶成功買到滿意的房子，成為台南仁和文化加盟店第一筆成交的案件。

林郅丞坦承，自己起初也擔心過聯賣會不會失敗，但事後證明這創造出客戶、友店和自己三贏的成果，帶動團隊信心，也讓他們第一個月業績就衝出近 400 萬元的好成績。

「其實，我們在住商不動產時聯賣經驗不順利，團隊對於聯賣都沒有信心。」林郅丞很坦誠地說。

客人主動上門，25% 業績來自聯賣

而贏得 2020 年「店總業績卓越獎」的永慶不動產花蓮吉安和平加盟店，也是靠深度聯賣，創下突破 8,800 萬的成績，不僅是東台灣第一，更擠進全國店總業績排行榜，在東部地區是數一數二的指標店。

店東唐嘉萍表示，「永慶房仲網」帶來很多客戶，網路上物件齊全，每天都有客戶在物件上留言，或是直接撥電話詢問，單月最多有

80 通。客戶自己上門，就能省下業務開發客戶的時間，提升效率與業績。不像在其他品牌時缺資源跟客源，必須自己想辦法、花錢刊登廣告。

永慶加盟總部願意提供資源，加盟三品牌的聯賣更讓店頭業績穩定成長。「創業五年到現在，店裡業績年年成長，2020 年超過 25% 業績來自與友店的聯賣，也因為聯賣讓人員績效更加穩定，超過一半的人年薪都超過百萬，更有人拚出一年 900 萬元的業績，跨店、跨區域、跨品牌的深度聯賣機制，真的是創業成功的一大助力。」唐嘉萍說。

有巢氏房屋的兩位新竹加盟店東，吳采樺與周碩彬也對永慶房屋的聯賣平台讚譽有加，吳采樺說：「我之前在大家房屋，結果一直在賠錢，到有巢氏房屋才半年，就把之前賠的都賺回來，正是因為永慶總部提供聯賣平台，還有經營指導。」周碩彬則表示，「我經營自有品牌多年，加入有巢氏房屋才發現真的不一樣，除了聯賣外，還有各項資源，來客量大增，徵人也非常順利！」

全仲網破局，全產業聯賣未能實現

有趣的是，孫慶餘最早想推的聯賣，不光只是集團內部而已，而是橫跨產業所有品牌，由全聯會成立「全仲網」，讓所有房仲業者都能同一個平台上合作聯賣。原本孫慶餘是想要替整個仲介產業建立一個像美國 Realter.com 一樣的產業萬里長城，對外可行

銷物件，如台灣的 Yahoo 房地產、591、好房網…等行銷平台，對內就是一個全部同業共用的一個物件流通平台。

當年負責「全仲網」籌組大任的孫慶餘回憶，原先是看到美國的房地產經紀人協會（National Association of Realtors），利用 Realtor.com 這個平台，讓所有加入的房仲經紀人可以合作聯賣，不受到地域與仲介品牌的限制，因此希望效法由全聯會成立「全仲網」。這樣公會每年都會有大筆收入，各家業者公平聯賣，效率也會大大增加，對業者跟消費者來說都有利。

「仿照美國的成功經驗，就是洛杉磯的經紀人可以賣紐約的案子，拉斯維加斯的可以賣佛羅里達的案子，買方賣方如何拆帳，大家把遊戲規則講清楚就好，」孫慶餘說。

在王應傑、孫慶餘的倡議下，由四大公會、八大業者共同籌備成立「全仲網」，2002 年，全聯會、北、高、省公會、和八大房仲品牌都已達成共識，幾千萬元資金也到位，然而最後卻因為信義房屋周俊吉的反對，終未能成局。信義房屋為首串聯幾家業者聯合成立了吉家網，但不讓永慶房屋加入。

永慶房屋 2014 年採訪已故的全聯會秘書長鄭曦，提到這件事，他仍義憤填膺：「等於是我們開會的內部情報資料他都有了，他們那邊暗暗來，等到差不多了，來

找我們攤牌了，逼得我們沒辦法成立，這不對的嘛。」

「他無所謂，全聯會網站不成立就不成立嘛，損失是公會的損失，是所有仲介人員的損失。雖然幾家有得利，後來又怎麼樣呢，」鄭曦受訪時表示。

不過，既然「全仲網」破局，永慶房屋乾脆將資源全部投注在自己的「永慶房仲網」，並在上面實現了永慶房產集團旗下各個品牌聯賣的願景。

最後，吉家網做失敗了，同業賠了錢又喪失了契機，沒建立

▶ 當年全仲網的籌備與破局，都是大新聞。

起流通聯賣的機制和平台，因此競爭力不足，以永慶房產集團目前約四成的市佔率來看，其他網站平台就算能同業零星聯賣，威力也難比永慶房產集團一家。永慶房產集團雖然成立時間較住商不動產、信義房屋晚，但憑藉著共享共好的聯賣制度，登上了全台最大最強的房仲集團寶座。

聯賣優勢只有永慶集團內部才有

前全聯會理事長楊耀龍也在2011年接受媒體採訪時，指出「全仲網」的破局對整體產業的發展，是件很可惜的事。如果當年各家品牌能打破門戶之見，建立一個資訊透明、物件聯賣的平台，讓全聯會所有會員、不分大小都能相互合作，那麼後來各公司也就不需要把自己房屋物件資訊，花錢透過像是雅虎奇摩房地產、591房屋交易網等平台做廣告露出。

「現在同業最大需求與困擾就是不能聯賣，當初如果能做，同業之間的流通聯賣早就像美國一樣全台通行了。」孫慶餘很感慨地說。

不過，就像早期在住商不動產推動新式仲介面臨阻力，孫慶餘乾脆自己成立永慶房屋來證明這是對的做法，既然「全仲網」破局，孫慶餘乾脆「臨淵羨魚，不如退而結網」，把資源投注在永慶的科技仲介上，從永慶房仲網、它速配、影音看屋、到拖曳式地圖搜尋等創新的e化服務等等。將底子打好之後，再把聯賣系統導

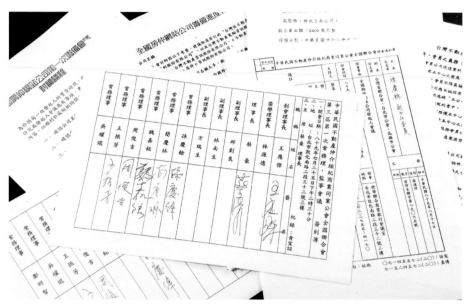

▲ 從開會出席簽到來看，當時幾乎所有主要業者都參與了全仲網成立的討論。

入集團內，反而走出另一片天地。

「當時『全仲網』希望可以同業共好，原來是要替整個產業做，後來有人反對我們集團只好自己做。這不是一個單店、一個品牌可以做的來的，要透過總部來做，現在永慶體系內流通聯賣順暢，這個優勢只有我們集團有，但是同業沒有，可惜掉了，對整體產業及其他同業來說是很大損失，競爭力根本不在同一個量級上。」孫慶餘說。

深度聯賣，加盟品牌業績大躍進

深度聯賣的成效究竟如何？根據永慶房產集團的資料，加盟三品牌延續 2020 年爆發性的成長力道，在 2021 年第一季，持續創下佳績。全台的店總業績，就比去年同期成長 65%，而聯賣業績更是突破 16 億元，較去年同期成長 70%，助攻第一季單店平均業績突破 650 萬元。聯賣成交件數也從 1,800 件，倍增至 3,200 件，成長約 78%。

受惠於深度聯賣，三大加盟品牌第一季業績突破一千萬元的店數，是去年同期的二倍，業績突破二千萬元的店數是去年同期的七倍，業績突破四千萬元的店數是三倍，創下令人驚艷的成績。

永慶房產集團旗下加盟品牌在全台店數市佔更是第一，台慶不動產成立才九年，店數已是全台加盟房仲品牌中的第四名，領先許多成立二、三十年的品牌。（以 2021 年 7 月 1 日各品牌的「加盟店店數」為計算基準）

「永慶房產集團為全台最強創業平台，永慶加盟總部擁有最能夠幫店東賺錢的經營團隊，成功關鍵是有直營（永慶房屋）的成功經驗，並將關鍵 know-how 不藏私分享給加盟店東，」孫慶餘指出透過聯賣，一方面讓「行業共好」，一方面也讓「顧客滿意」，落實並推廣了新式仲介的經營理念。

文化跟制度並行，才能落實聯賣

推動深度聯賣，並非易事。畢竟，不同品牌跟不同分店，隨時都處在競爭狀態，要如何打破門戶之見，把自己開發的案子或客人跟他人分享，就得從文化跟制度下手。

這也是爲何永慶針對加盟店東，要經過嚴格的篩選，就是要找到能夠認同這種文化的夥伴。葉凌棋表示，各家店、各個業務都有自己的業績目標，所以永慶的文化很強調「分享」與「信任」，能認同這樣的價值，才有辦法真的聯賣。

「我現在分享給別人，以後人家會分享給我。若是只貪圖這一間房子的獲利，就少了未來了。」

我們篩掉很多不能認同、無法配合這種觀念的人。」葉凌棋說。

但光靠軟性的文化認同還不夠，還得加上硬性的制度規範，因此永慶加盟總部不僅在前端源頭就先篩選，如果加盟店加入後觸犯了天條，他們也二話不說就終止合作。

觸犯天條，一定結束合作

葉凌棋表示，在推展加盟的過程，永慶總部其實「開除」過一些店東，多數都是因爲觸犯了這些天條。例如，在台中曾經有個開了五家店的加盟店東，但卻透過聯賣的機會，到其他友店去挖角，因此請他離開。在台南也有一位擁有十家店的加盟店東，因爲資源比較多，

去挖友店的人跟案子，但總部並不因為他手上握有十家店就睜一隻眼閉一隻眼，同樣不包庇，跟對方解除合作關係。

「五個店、十個店請他走，需要多大的勇氣，一般加盟總部怎麼可能拒絕十家店，可能反而會把其他小店趕走。趕走這麼多家店在其他加盟體系沒發生過，只有永慶總部會這麼做。業界沒人這樣的堅持，只要違反天條就不用講情了。」葉凌棋說。

相較之下，其他品牌的加盟管理，就未必如此嚴謹。孫慶餘說，業界常見的狀況是「篩不下去」，為了拼店數而降價招商，即便出了問題也不處理。曾經有家品牌的加盟店因為坑殺客戶被媒體報導而曝光，而且案子也被法院判定是詐欺，但該品牌的負責人卻不拔招，令他感到很不可思議。

「同業的邏輯是，這個店沒做到業績已經損失一筆，拔招的話不是雙重損失嗎？但客戶服務、交易安全等，是我們的嚴格要求，只要出差錯、上了媒體，我們一定就開除了。」孫慶餘說。

後台資料一清二楚，遊戲規則很公平

科技仲介的平台，也降低了各店為了「搶業績」的紛爭。

有巢氏房屋台中十期加盟店店東林志雲、也是中台灣有巢氏房屋的創始店東，就表示早期三個品牌在各區的經營管理會每月開會，

如果出現糾紛可以有二次協調的機會，再不行就申請仲裁，二邊要先交五萬，輸的那方錢會被沒收。

但經過這些年的運作，仲裁案已經愈來愈少，通常都是踩線的問題。大多是因為有人收了斡旋金，別家店拿這個金額給自己的客戶看已經出的價，希望能自己成交這個案子。為了解決這個問題，現在只要收了斡旋金後，第一時間上傳到後台，就有清楚的順位，非常公平。

「小品牌也想透過公會做聯賣，但因為信任度不足，無法做到。永慶因為單子要往上傳，不可能隱藏，」林志雲說。

令不出門的總部，領導上就輸了

孫慶餘表示，文化是底子，但有了嚴格的規範，也能進一步強固文化。就像酒駕一樣，只要犯了就罰，就能逐漸減少酒駕。但光有規則卻無法落實也不行，所以前面先有共同文化的驅動性，上了軌道之後，就要靠嚴格執行的規則來維護文化。永慶正是這兩個都做到，因此才有辦法讓加盟店東願意遵守總部的做法，摒棄競爭心態，與友店合作共好。因此，有其他品牌現在也希望能夠加入永慶體系的聯賣，但都被拒絕，因為在文化與制度上都無法相容。

「同業有個笑話，我們店東很多但都不聽總部，意見很多，唯一意見一致的就是大家一起罵總部。

令不出門的總部，前面在領導上就輸了，就沒法帶動文化與制度，要怎樣鋪陳上路。上不了路，後面怎麼轉都轉不出結果來。」孫慶餘說。

在前面三個加盟品牌成功的基礎下，永慶在 2021 年 5 月又推出了第四個全新的加盟品牌「永義房屋」，在開放的一個月內，預約加盟即超過百餘家店，可見業界對加盟永慶的信心有多高。

葉凌棋表示，「永」來自於永慶，「義」是指公正合宜的行為，呼應母集團「先誠實再成交」的品牌精神，落實在透明房價上，要提供消費者誠實透明、值得信賴的服務，在實價登錄 2.0 與房地合一稅 2.0 即將上路的時刻，推出此一新品牌，就是要再擴大孫慶餘董事長「提供消費者一個房產公平交易平台」的理念。

永義房屋不僅承襲永慶的「誠實」，更配備有與永慶不動產同等級的系統平台、科技工具，提供豐富完整的資訊，以便利、快速的方式提供，是符合現代消費者需求的人機合體的現代化房仲。

對於有共同理念的加盟店東來說，加入永義房屋，立即可獲得永慶集團的資源（品牌力、環境力、行銷力、科技力、士氣活力），尤其是環境力——業界唯一的四品牌聯賣環境，對於加盟店東來說立即就有千家的友店可以聯合銷售。

所以，對於未來，葉凌棋信心滿滿地認為永慶集團還有很大成長的空間，「以這樣的台灣市場發展下去，我們集團應該有兩千店以上的市佔空間。」

永慶房屋 良心仲介

第八章

創造共享價值　公益與經營一體化

2021 年 5 月，疫情嚴峻，永慶房屋的業務也很忙。不是忙著找業績，而是忙著到社區大樓幫忙消毒、補充電梯裡的酒精。

「做業績之餘不忘回饋社區，全民防疫，略盡微薄之力，全區千戶，35 部電梯，我們一起守護。」永慶房屋大安附中店的臉書貼文如是說。

同一時間，永慶旗下的加盟三品牌——永慶不動產、有巢氏房屋、及台慶不動產，在屏東的 23 家門市，共同在屏東捐血中心舉辦「熱血挽袖，愛傳世界」捐血活動，邀請民眾捐血一袋救人一命，預計至少募集到 200 袋血袋，幫助捐血中心補足血庫存量，減緩疫情期間的血荒問題。

「過去捐血中心平均每天只募集到 60~70 袋血袋，捐血量嚴重不足，希望未來可以持續與捐血中心合作，發揮『有血出血、有力出力』的精神，也期盼民眾可以和永慶一起定期捐血，幫助社會。」屏東區三品牌經管會會長、同時也是永慶不動產屏東站前加盟店店東的徐大順說。

9452，就是有愛

時間再往前一點，有巢氏房屋的台中秀泰圓滿店與南投草屯中興店，在 4 月來到照顧身心障礙者的台中十方啟能中心，因為那陣子剛好有大量為了做手工皂的果皮及蘆薈，急需人力處理，所以有巢氏房屋的「小巢」們再度前往幫忙。

「小巢志工又出動了，我們小巢9452，小巢就是有愛。」有巢氏房屋台中秀泰圓滿加盟店的店長吳朝將在臉書上，驕傲地說。

東部的永慶人也沒閒著。2020年10月，花蓮地區的永慶不動產與台慶不動產攜手創世基金會，舉辦了「愛永續，童歡慶」公益園遊會，將義賣收入全數捐贈給創世基金會花蓮分會，作為照護團隊到宅服務的基金。永慶花蓮聯賣區的夥伴，一口氣認領了10個攤位，以實際行動幫助在地植物人。

「永慶房產集團深耕台灣已久，即使碰上疫情干擾，公益計畫依舊不間斷。」永慶不動產花蓮聯賣區區長黃國師說。

愛圓滿接力，千店萬人做志工

這是永慶房產集團自2016年推出的全台千店、萬人參與的「愛圓滿接力」、「千店萬人做志工」計畫。結合了集團內部各品牌與永慶慈善基金會，從北到南、從東到西，形成全台的公益大串連，讓善心的正面能量擴散至台灣每個角落。

這些公益計畫面向多元，從公益路跑募款幫助獨居長輩、清寒植物人，到支持弱勢棒球校隊、定期探訪偏鄉弱勢學生等。共同的特點都是發揮房仲人深耕社區的優勢，掌握在地需求積極投入協助。

從2016年到2020年，「愛圓滿接力」全台志工計畫已經執行

永慶房屋 良心仲介

▶ 做業績之餘也要關懷社
區做公益，是所有永慶
人共同的信念。

五年，累積了近950場次、超過6,500家店次、4.9萬志工人次的參與，服務總時數超過18.7萬個小時，涓滴奔流，生生不息地為世人造福。

「我們LINE的公益群組中有41個人，包括總部、基金會、全台灣三個品牌各區經管會公益小組的人，常常在叮嚀叮嚀，因為活動真的很多。」永慶房屋品牌行銷部協理鄭惠文說。

▲ 2019年第六屆永慶加盟事業竹苗區愛圓滿接力「青銀共好」公益路跑，號召1200名房仲經紀人，變裝超級英雄與可愛動物，熱情開跑！

落實 CSR，實踐徽商精神

永慶積極投入公益慈善，正是落實近年來全球企業都很重視的企業社會責任（Corporate Social Responsibility，CSR）。事實上，這也呼應了孫慶餘心之所向的徽商精神。

明清時代，來自徽州（今日的安徽）的商人在各行各業百花齊放，稱雄中國商界數百餘年，有「無徽不成鎮」、「徽商遍天下」之說，最具知名度的近代人物就是清朝的胡雪巖。

徽州文化好儒道，以儒家思想為中心是徽商長久以來不變的精神，造就了所謂的「儒商」。一方面將儒家「以人為本」的精神落實在經營事業上；另一方面也很重視回饋社會，把興辦學校、社會福利、造橋鋪路等當成本身的「義務」，不是想不想做的問題，而是必須去做的責任。

祖籍安徽的孫慶餘，承襲徽商的商道文化，除了推動透明清楚、童叟無欺的新式仲介，提供公平交易服務給消費者，並提升房仲業的水準之外，更積極投入公益活動，也正源起這樣的初心。

「對國家社會有利的事情，就義無反顧去做。」孫慶餘說。

精耕品牌，深耕商圈

永慶房屋的 CSR，先從直營分店開始。本著「精耕品牌、深耕商圈」的策略，透過最貼近在地的關懷服務，永慶成為社區的一份

子，也奠定未來升級生活仲介的基礎。

吳良治表示，永慶員工的任務之一，就是要定期去拜訪在地商圈的里長、鄰長，了解在地需求，如果最近剛好要舉辦活動，永慶也可以提供協助。從 1994 年起，永慶房屋就贊助社區及公益團體免費借用活動帳篷，讓街頭豎起遮風擋雨的愛心，為公益團體節省活動經費，每家分店都可以來跟總部申請帳篷。

「每個禮拜都有活動進行，雙北更多，去年光是直營店活動，就有兩萬多場。像今年（2021 年）的母親節，我們就借出了 400 多頂帳篷。」吳良治說。

永慶房屋的 CSR 活動五花八門，除了重大慶典、節日、學校校慶等活動，都可以看到永慶人的身影之外，永慶房屋還連續六屆贊助天母國小舉辦足球邀請賽，推動從小運動的風氣。他們在南港參與當地里長舉辦的千人健走活動，鼓勵社區長者及里民們養成健康生活的習慣。大直與土城地區的永慶直營店，則是舉辦老人共餐活動，提供美食給銀髮族，還有免費量血壓、帶動唱、民俗療法等活動，更邀請美髮師來現場替老人家義剪。松山三民店也協助在地安平里里長進行獨居老人社區服務，除了協助環境整理與大型廢棄物丟棄，也順便關懷社區的獨居老人。

「工作及生活一直朝著自己設定的目標往前衝，閒暇時也想稍

微停頓一下關心身邊的人，陪著爺爺一起聊天、互動很開心，雖然爺爺一直表示沒有需要的生活用品，但逛了一整圈後還是嘴饞地買了兩罐咖啡，不僅爺爺高興，自己也覺得很滿足。」曾參與銀髮關懷、陪著爺奶去逛大賣場的永慶房屋雙和秀山成功直營店資深店經理何孟儒，談及第一次參加公司志工活動的經驗，心中充滿感動。

社區好鄰居，滿足在地需求

繁雜多樣的活動，背後反映出永慶房屋將自己定位爲「社區好

▶ 從 1994 年起，永慶房屋就贊助社區及公益團體免費借用活動帳篷，讓街頭豎起遮風擋雨的愛心。

鄰居」的策略。吳良治表示，因為每個社區的屬性不同，有些是純住宅區，有些是商圈，有些是文教屬性，因此每個地方的需求不同，永慶要做的就是「一店一貼心」，針對在地需求提供支持。相對地，透過「一店一貼心」、全台永慶人的公益志工參與，無形中也培養了同仁的同理心，能更進一步了解客戶的需求，形成與社會的信賴強連結。

「基本上我們就是搭配里長、鄰里需求，因為每個社區需求不同。我們出錢、出人，提供資源，」吳良治說。

「社區好鄰居」不是一句口號而已。

永慶房屋直營店，每家都是「銀髮愛心站」，讓長者隨時可以入內休息、喝水或借用廁所。他們也在 2001 年加入彭婉如基金會的「安全愛心站」，直營店化身為社區安全庇護站，與在地鄉親搏感情。

「永慶強調的是交易圓滿與服務圓滿，初衷是讓民眾生活圓滿，社會也才能進一步真正圓滿。」孫慶餘說。

人間有情，生活無礙

為了擴大對社會的正向影響力，永慶集團在 2008 年滿 20 周年時，捐贈千萬元成立了永慶慈善基金會，延攬前行政院新聞局局長趙怡擔任基金會董事長，以「人間有情、生活無礙」的精神，要將「無

▶ 永慶慈善基金會的 CSR
活動多元，圖為志工
協助施作屋頂遮雨棚
浪板。

障礙」理念推至每一個角落。

孫慶餘之所以創辦基金會，也是受到永慶房屋的客戶服務與公益活動所啟發。

2007 年，永慶房屋在捐助「罕見疾病基金會」及「台灣生命教育協會」的過程中，發現台灣固化的設計思惟、老舊長期未更新的公寓大樓，形同身障、銀髮族群的

「牢籠」。

同一年，剛好行動不便的前立法委員楊玉欣，來請永慶房屋幫忙找房。因為需要輪椅輔助之故，下上階梯都需要有人幫忙，所以楊玉欣對房子的條件非常嚴格——完全不能有任何階梯，不然會讓日常生活非常辛苦。還好，在永慶房屋經紀人的努力下，總

算幫她找到適合的物件。

「只要一個階梯，就能把我打倒。」楊玉欣說。

通用住宅與獨居老人居家修繕

永慶一直以來都將自身定位為「提供顧客專業信賴的房地產服務專家」，自然不能對此視而不見，於是決定協助社會上比較沒有被服務到的弱勢族群，包括身障人士與行動不便的銀髮族，透過基金會的公益活動、志工參與、以及跟志同道合的社福團體攜手合作，將無障礙環境的觀念廣及人心並具體實踐。

「永慶屬於房地產業，要奉獻社會的話，無障礙空間相關的觀念推廣與具體實踐很適切。」趙怡說。

事實上，高齡化社會也確實造成這樣的需求。根據衛生福利部的調查，65歲以上老人，每六人就有一位有跌倒經驗，而住家是老人最常跌傷的地點之一，由此可見居家無障礙空間規劃的重要。

因此，以議題倡議為核心的基金會，聚焦在兩大主題上：通用住宅與獨居老人居家修繕。

「通用設計」（Universal Design，簡稱「UD」）是以人性、愛與關懷來改變「無障礙」的刻板認知，以通用無礙、通行無阻來解決各種族群的需求，並非侷限現於特殊的身心障礙群族。

由於台灣缺少針對跨年齡通用宜居住宅的實際案例、相關文獻與法令規範，孫慶餘還主動邀

▲ 全齡通用宅以 5 大重點、20 項原則，推廣無障礙生活空間概念。

請雲林科技大學建築設計系教授曾思瑜、自由空間基金會董事長唐峰正、永慶慈善基金會顧問范可欽共赴日本實地考察。

通用設計 520 原則，小改造讓生活更安全

此行不僅參觀國際大展第 38 屆日本國際福祉機器展（HCR），還拜會日本官方單位及企業，包

▲ 永慶慈善基金會與台北市政府共同推動「居家無障礙大改造合作計畫」。

括 PanaHome 新宿情報館、東京都瓦斯 OZONE 等等，回來後與專家學者顧問團研究，提出「全齡通用宅」概念。

為了推廣「通用設計」的觀念，永慶歸納出 5 大重點與 20 項原則，從 2010 到 2012 年，連續三年在世貿展覽館，與內政部多功能輔具資源整合推廣中心合辦「無障礙生活趨勢館」，並介紹相關的輔具應用，帶動國內關注無障礙生活空間風潮。

鄭惠文表示，居住安全對弱勢族群來說，相對是更嚴重的問題，因為他們的經濟能力有限，很難透過換房來獲得更好的居住環境。但是透過通用設計的概念，將環境改造與優化，可以變成住得更舒服的「全齡通用宅」。

「透過一些小改造，可以住得更安全，基金會把政府相關的法規收斂簡化成所謂的『520原則』，變成一本小手冊，方便參考。」鄭惠文說。

從理念推廣一路做到具體實踐

從理念推廣、輔具展示一路做，基金會還跟相關團體合作實踐理念。

2011年，永慶慈善基金會與伊甸基金會跟永慶修繕團隊，共同聯手花費半年、耗資百萬，協助將已經有30多年歷史的台北市萬芳社區一戶國宅，改造成符合國際潮流的「通用住宅」。另外，他們也協助新北市新店區的安康國宅修繕無障礙廁所，並打造淡水無障礙的古蹟服務中心。

永慶慈善基金會更自2017年起，與台北市政府社會局及衡山基金會合作，共同推動「居家無障礙大改造合作計畫」。基金會除了提供「全齡通用宅5-20重點原則」的住宅安全專業知識，幫助身心障礙家庭改造無障礙空間，同時也每年捐贈台北市政府社會局80萬元，由社會局媒合有需要的身障者，請衡山基金會協助修繕房屋，讓身心障礙朋友透過申請參

與本計畫，不僅緩解身心障礙家庭的經濟壓力，也能擁有更安全、更舒適的居住環境。

「永慶慈善基金會出錢，衡山基金會出人，由台北市政府找受助對象，共同推動無障礙生活。」趙怡說。

人間公益影展，擴散正面能量

本著「心懷善念、服務社會」的初衷，基金會還自 2012 年起每年都舉辦免費對外開放的《人間公益影展》，播放跟樂齡關懷、身障無礙、兒少教育、多元社會、家庭倫理等議題有關的暖心電影，聚焦勵志勸善，弱勢關懷等故事，呼籲社會大眾心存善念廣結善緣，照顧好自己，更關懷身邊親友，為社會

帶來正向力量。2020 年還邀請長者觀賞 VR 電影，讓長者戴上高科技裝置，走入電影世界中，也能用新科技體驗到不一樣的影音享受。

趙怡指出，這種類型的電影雖然很感人勵志，但因為「不夠刺激」，往往在商業院線上被看到的機會不高，因此基金會跟電影公司洽談舉辦「義演」，希望讓更多人看到這些優質正面的電影，也獲得片商的支持，因此每年用一百萬左右的成本就能舉辦十來部片的小型影展，讓更多人有機會看到這些電影，將正向能量散發出去。

「沒有人看了這種電影之後不會感動的，只是平常沒機會看到，所以我們邀請大家免費來看。一開始嘗試性舉辦，後來很受歡迎，每

▲ 永慶慈善基金會自 2013 年攜手中華文化推廣協會，與大陸的中國宋慶齡基金會合辦的公益論壇，每年都帶著台灣不同的公益慈善團體去大陸分享與交流，引發非常熱烈的迴響。

年都舉辦，我們覺得非常有意義。」趙怡說。

兩岸公益論壇，將台灣慈善力輸到對岸

除了推廣無障礙空間與人間公益影展外，永慶慈善基金會也是自 2013 年開始舉辦的兩岸公益論壇背後的推手。永慶慈善基金

會攜手中華文化推廣協會,與大陸的中國宋慶齡基金會合辦的公益論壇,每年都帶著台灣不同的公益慈善團體去大陸分享與交流,引發非常熱烈的迴響。

趙怡表示,近年來兩岸關係隨著大陸經濟實力的壯大,愈來愈出現「單向傾斜」的方向,台灣的優勢逐漸消逝。然而,相較於大陸的公益慈善活動仍舊是以官方推動為主,台灣民間蓬勃發展的公益慈善團體與活動,充分反映出台灣成熟公民社會的活力,而這一點仍是台灣能引以為傲的地方。因此,透過這樣的交流活動,永慶慈善基金會除了將自身推動的無障礙空間與永慶集團的「愛圓滿接力」活動介紹到大陸之外,也把台灣其他的慈善團體引

介到對岸,例如他們請佛光山去分享如何透過蔬食來減緩地球暖化,東森慈善基金會分享媒體如何參與公益,還有罕見疾病基金會去分享他們透過組樂團,讓罕見疾病兒童的父母透過音樂找到困頓中的力量。

「台灣不是沒有東西可以銷到大陸去,物質外還有精神。公益是兩岸最大公約數。台灣可以讓大陸心生羨慕之心的就是公益。透過兩岸公益論壇,我們將台灣的光明面發揚光大,也是為台灣盡一點力。」趙怡說。

一店一貼心,加盟接棒做公益

直營店與基金會對公益的投入,也激發了加盟品牌「一起做好

▲ 本著「心懷善念、服務社會」的初衷，永慶慈善基金會自 2012 年起每年都舉辦免費對外開放的《人間公益影展》。

事」的心念。當孫慶餘於 2016 年號召集團內所有分店都加入「愛圓滿接力」與「千店萬人做志工」的計畫時，永慶集團全員到齊，一同攜手做公益。

就跟直營店一樣，加盟品牌的分店所處的社區各有不同，因此需求也不一樣，所以加盟店就跟直營店一樣，以「一店一貼心」

推動不同的 CSR 來滿足在地需求。不過，各區的經管會旗下都有公益小組，跟總部與基金會有密切聯繫，看到直營店或基金會舉辦的活動，也會請他們分享資源，讓加盟體系也能參與。

例如，基金會舉辦的《人間公益影展》原先僅在台北舉辦，但在永慶不動產、有巢氏房屋、與台

慶不動產的接棒下，也在高雄上映。此外，加盟品牌雖然各自獨立，有各自的公益活動，但是因為通報機制，而且彼此會在 LINE 上面的公益群組分享，也能達到效法彼此的成果。例如竹苗區從 2014 年就開始做三品牌公益路跑活動，中區看到後請他們去分享做法，也在 2017 年開始進行三品牌聯合路跑。高雄的永慶不動產，則是在 2019 年舉辦首屆的公益路跑活動，將正向能量一路傳遞到全台。

「加盟店不是只有在業績上相互合作，在 CSR 上是相互取經交流。這是很不容易的緣分，因為會有團隊的感覺。事實上，我們基金會的董事很多都是加盟店店東。」鄭惠文說。

永慶與政大，聯手推全臺房地產菁英卓越計畫

除了慈善活動之外，永慶集團也透過產學合作，發揮了徽商重興學教育的精神。

2020 年，適逢《不動產經紀業管理條例》立法通過 20 週年之際，永慶房產集團捐出 3 千萬元給政治大學，由政大跨院、系、所共組專業團隊，展開各項產學合作及實習計畫。雙方第一個專案就是由政大地政系主辦，推出《全臺房地產菁英卓越計畫》，提供免費課程造福學生、社會人士，提升臺灣房地產業專業，更在社會科學研究院成立不動產研究中心。

這個公益培訓課程，開放給全臺房地產從業人員、大三以上

且對房地產有興趣的青年學子或社會人士，提供爲期一年的基礎課程及專業進階課程，包括「不動產（仲介）營業員」新訓、換照課程及「不動產（仲介）經紀人」換證等課程，預計先從雙北優先舉辦，陸續擴及全臺各大都會區，目標一年開設 1 百個班，預計將募集百位師資並造福至少 6 千名學員。這是永慶與政大產學合作的第一階段，後續將進行包括與社科院、傳播學院、商學院等合作與實習計畫。

產學合作，CSR 與 USR 相乘效果

「孫董事長對這次產學合作的定位，是一個全然公益的行爲，讓我們房地產的交易安全，得到更大的保障。歷史將會記住這一天，經由這樣的計畫，CSR 跟 USR（大學社會責任）將緊密地結合，不只是相加，而且是相乘。因爲這樣的發展，我們社會可以變得更美好，」政治大學校長郭明政說。

選擇跟政大合作，部分原因正是因爲政大地政系是培養全臺灣地產專業學術及產業權威的搖籃，許多政府相關部會的官員、不動產業的經營者，多是出自政大地政系，包括內政部政務次長花敬群在內。

「我常說，房地產這個體系一旦穩定了，這個國家、社會至少安定一半，我相信透過政大跟永慶的

合作，讓這個根扎得更深，讓台灣可以走得更穩。」花敬群說。

從股東至上，到關照所有利害關係人

企業善盡 CSR，無疑是讓產業茁壯與社會安定的重要支柱。不過，CSR 不光只是講究慈善公益而已。事實上，當今 CSR 的思潮，已經跟以前有著根本性的差異。

在 1970 年代，以鼓吹自由經濟思想的諾貝爾經濟獎得主傅利

▲ 永慶房產與政治大學產學合作，作育新一代的房產英才。

曼（Milton Friedman）曾說過：「企業家最大及唯一的責任，就是賺錢」和「企業的社會責任是幫股東賺錢」，這讓「股東至上」成為企業服膺的經營守則，也讓 CSR 被視為只是功成名就的企業家的個人慈善事業。

然而，隨著社會環境的改變與經營思維的演進，擁有龐大資源的企業在社會中扮演愈發重要的角色，CSR 的觀念也逐步演進。2019 年 8 月 19 日，美國《華爾街日報》用兩個版面，刊登 181 位世界上大企業 CEO 們共同簽名的一個宣言。在宣言中，他們公開聲明放棄傳統上所謂擴大「股東權益」（shareholder value）的經營者信念，認為企業應當為員工、消費者、社區、環境和股東，

也就是一般所稱的「利害關係人」（stakeholder）創造價值，並以此做為企業經營的使命。

這就是說，現今的經營思維，認為企業要負責任的對象，不光只是股東而已，還包括員工、消費者、社區等等。企業不光只是替股東賺錢，還要兼顧所有利害關係人的利益。除了「造橋鋪路、興學蓋醫院」這樣的 CSR 公益慈善，企業更需要把友善、造福利害關係人的做法，融入企業營運中，才能發揮更正面的影響力。

看房子用摸的，視障者買房的困境

據此來看，永慶從創辦第一天起，就秉持著落實新式仲介的初

心，希望創造「客戶滿意」、「交易安全」的「仲介楷模」，並與產業「創造共好」，正呼應了當代的 CSR 思維。

永慶房屋敦南遠企直營店業務協理郭俊輝，替一位視障者找到房子的暖心故事，正是永慶 CSR 的縮影。

三年前，黃小姐透過朋友介紹，來永慶房屋尋求買房協助。身為視障者的她，已經碰過很多其他房仲經紀人的軟釘子，因為這樣的案例必須花費很多心思，才能找到適合的房子。「很多房仲經紀人只帶看屋一次，就嫌麻煩不願意再服務我，心裡實在很受傷。」黃小姐說。

父親就是視障者的郭俊輝，能夠感同身受這樣的痛苦，因此接下了這個案子。視障者跟一般人的需求不同，幫忙找房時除了要考量物件本身是否具備基本的無障礙空間之外，在帶看房時還得格外費心，因為視障者無法用視覺來了解房屋的格局、大小、動線、裝潢家具的位置等，所以必須一邊口述、一邊引導她用手觸摸來感受，也必須用容易理解的方式，來說明所有物品的外觀顏色、大小、材質、有無防撞措施等細節。

「第一次帶客戶看房要用『摸』的！」郭俊輝說。

不只室內空間有很多考量，門外空間也一樣。

你是我的眼，替視障者找到合適房子

由於黃小姐會搭捷運上班，因此郭俊輝還得仔細評估從屋子走到捷運的路線。他甚至親自矇眼走過一遍，體會沿線環境對視障者而言是否安全且友善。等到屋裡屋外的狀況都確認好後，他才會約客戶到較熟悉的捷運站服務台碰面，且一定提早 30 分鐘前抵達，等她一抵達就立刻上前打招呼，避免現場沒人接應、造成對方心裡的疑慮。

因此，雖然帶黃小姐看屋，比帶其他客戶多花了五倍以上的時間，但郭俊輝客戶需求為最大考量的同理心，卻贏得了客戶的信任。帶看了四次、看了超過十間房屋後，黃小姐決定下斡旋金與屋主議價，當場就請郭俊輝協助幫忙到自動提款機，幫她提出十萬多元的斡旋金。

「站在提款機前，她把金融卡給我，並當場給我密碼，請我幫忙領錢。這是多大的信任，那一刻壓力真的很大，因為我知道，這不僅是單純的一個協助，更是一份客戶賦予的信任與責任，也帶給我更明確的目標與使命，一定要幫這名客戶完成買房的夢想。」郭俊輝說。

完成交屋時，黃小姐緊握郭俊輝的手說：「感謝你願意帶我看第三次、第四次的房子，其他品牌的經紀人都只帶我看一次就嫌麻煩，只有你願意當我的眼睛，帶我找到最合適的房子。」

與客戶、員工、社區、社會共好

「好好的服務客戶，也是我們的社會責任。」回想起這段故事，郭俊輝淡淡地說，彷彿這本來就是應該做的事。

提供客戶最好的服務，確實正是企業落實社會責任的最根本工作，絕不只「仗義疏財，施善鄉梓」的做公益，更重要的是在經營業務本身時，就懷抱一種責任感和抱負，將「與客戶、員工、社區、社會共好」的概念，融入到企業文化與日常營運中。

從這樣的觀點來看，自引入新式仲介到協助產業建立法度，從保障消費者產權到推動實價登錄，進而把維護「居住正義」的理念擴展到全台 1,300 家店、18,000 永慶人身上，並創造「彈性工作 8 小時」的幸福職場，永慶所走的每一步，當然是經營策略，也絕對是社會公益。

這正體現了孫慶餘從小的家訓「做人要做對社會有貢獻的人」，以及其創業的初衷「許消費者一個公平的房產交易平台」。🐾

先誠實 再成交——
永慶房屋良心仲介

先誠實 再成交：永慶房屋良心仲介 / 文仲瑄，李碧華，莫非採訪撰述 . -- 臺北市：天立股份有限公司 , 2021.08

256 面；　17 * 23 公分

ISBN 978-986-87937-7-4(平裝)

1. 永慶房屋仲介股份有限公司

2. 不動產業 3. 仲介

554.89　　　　　110013033

主　　編／文仲瑄
執　　編／白明玉
採訪撰述／文仲瑄、李碧華、莫非
設　　計／劉丁菱
攝　　影／許宏偉
圖片提供／永慶房屋、shutterstock、許伯鑫

出版單位／永慶房產集團
執行單位／永慶房產集團
地　　址／台北市大安區敦化南路 2 段 77 號 12 樓
發行日期／ 2021 年 8 月
定　　價／ 380 元
ISBN ／ 978-986-87937-7-4

* 本書撰述資料由永慶房產集團提供，著作權亦歸永慶房產集團，欲使用本書內容，需取得永慶房產集團同意授權。